EL GARDEL QUE YO CONOCÍ

Vincent Thomas

Para Carlos Gardel,
cuya constante e irremediable
ausencia despertó estos recuerdos

Coordinación General: César Fratantoni.

Coordinación de Edición: Cecilia Laclau.

"Mi hijo Vicente Thomas, por razones de edad, va a quedar –una vez desaparecidos nosotros- como el único testigo absolutamente veraz de la intimidad con Gardel y con su casa. Será, sin duda, el último de los testigos digno de ser escuchado por la verdad absoluta de su relato".

Edmundo Guibourg
Al pasar por el tiempo (Memorias), 1985

Quisiera agradecer a Pilar (por el aguante), Alberto Gapezzani, Ángelo Calamera, Norberto Ibscher, Carlos Caivano, a los muchachos del truco (AALA), Pablo Garriga (Revista El Suplemento), Felipe Leccese y Eduardo Visconti por su ayuda y apoyo incondicional.

Vincent Thomas

ÍNDICE

Prólogo (por César Fratantoni)....................................... 11

Introducción... 15

A la sombra de Carlos Gardel............................. 25
   Mientras se apagan los ecos de las milongas de Alsina 27
   Y yo sé que me estoy muriendo................................. 31
   Carlos Gardel, Hincha y Mascota Frustrada en
   Londres (por **Edmundo Guibourg**)....................... 34
   Life is but a walking shadow.................................... 42
   Cuántos hay que como... 72
   Y cuántos son quienes... 74

Glosario de recuerdos...................................... 89
   Calle Corrientes... 91
   Los Cabaret... 92
   Edmundo Guibourg.. 92
   Donde se juntaban los muchachos............................ 94
   Los amigos de Gardel 94
   La madre de Gardel.. 97
   Armando Defino.. 98
   La casa de Jean Jaures... 99
   José Razzano...100
   Irineo Leguisamo.. 101
   El Negro Ricardo..102
   La sociedad de esos tiempos...................................102
   La señora Wakefield...103
   Luis Pierotti...104
   El misterio de la documentación 104

Los planes de Gardel.. 106
El Gardel de la vida real 106

¡Dejate de joder! 109

Sobre el autor... 113

Mundo Gardeliano: Gardel en Los Angeles............. 115

Prólogo

No es un secreto que la vida de Carlos Gardel ha inspirado muchos libros. Y algunos, es justo decirlo, son muy buenos. Entonces, la pregunta es válida. ¿Por qué tenía que aparecer este libro? ¿Realmente vale la pena otro libro sobre Gardel? Estos son los recuerdos de Vincent Thomas, el único hijo de Edmundo "Pucho" Guibourg. Este último nombre es muy conocido en círculos gardelianos, ya que fue un amigo clave en la vida de Gardel.

El presente trabajo se compone de dos partes. Una crónica de su experiencia directa con Gardel y, en beneficio de los historiadores, un glosario especial donde Vincent, con sus recuerdos, ilumina algunos rincones oscuros de la historia. Como se dice en los Estados Unidos: "He sets the record straight".

¿Cómo se compara este libro con otros? El libro puede clasificarse dentro de los pocos que son testimonios directos de gente que estuvo muy cerca de Gardel y por un tiempo relativamente prolongado. En ese sentido, sigue la noble tradición de libros como los de Mario Batistella y José Lepera o Terig Tucci.

Las memorias de *El Gardel que yo conocí* son del periodo que va entre 1927 a 1938. Es decir, desde que Vincent conoce a Gardel en el barco "Conte Verde" (en 1927) hasta que deja de visitar al matrimonio Defino y se aleja del entorno de su padre (en 1938). El libro tiene información que le llega a Vincent de distintas fuentes, principalmente, de su padre, del matrimonio

Defino y de algunos amigos de la familia como Luis Pierotti.

La historia empieza en 1927, cuando la familia Guibourg acompaña a Gardel en el "Conte Verde" rumbo a Europa. El cantante viajaba con sus guitarristas en lo que sería su gira europea consagratoria. A Guibourg lo esperaba un puesto importante como corresponsal en París para el diario argentino Crítica. Vincent Thomas recuerda, hoy, algunos detalles desconocidos del viaje y de lo sucedido en Europa cuando llegaron. Gardel termina pasando largas temporadas en Europa durante los años siguientes, intentando afianzarse como artista en los principales escenarios del Viejo Continente. Termina filmando un puñado de películas en los Estudios Paramount de Joinville, cerca de París. Fue la oportunidad que tuvieron los Guibourg de verlo seguido.

En 1932, la familia vuelve a la Argentina. Casi al mismo tiempo, Gardel le manda una carta a su apoderado Armando Defino para que "se acerque a Pucho", como cuenta Defino mismo en su libro sobre Gardel. Es entonces cuando un nervioso Defino "toca el timbre" en lo de los Guibourg y, contra sus temores, la familia, que ya tenían excelentes referencias, lo reciben con los brazos abiertos. De esta manera, empieza una larga amistad entre dos pilares de la historia gardeliana.

A partir de ese momento, Vincent fue el joven testigo de todas las novedades que, sobre el tema Gardel, transmitían los Defino en las reuniones sociales. Y ya transformado en un joven fan de Gardel, iba seguido a casa de los Defino a escuchar la colección completa de los discos de Gardel. Mientras escuchaban la victrola, Vincent hablaba principalmente con Adela, la esposa de Defino, y con Doña Berta, la madre de Gardel.

Esta situación sólo duró un par de años. Vincent se pone de novio, empieza a trabajar y se aleja. Hoy recuerda que, cuando muere Doña Berta, en 1943, ya hacía años que no la veía. No obstante ello, es bueno recordar que la relación siguió y que "Pucho" terminó escribiendo el prólogo del clásico libro de Armando Defino, *Gardel: La verdad de una vida.*

El libro de Vincent tiene información tan relevante y muchos podrían preguntarse ¿por qué tardó tanto tiempo en escribir un libro tan importante como éste? Parece haber distintos motivos.

Hoy, es difícil entender el verdadero disgusto de los que estuvieron cerca de Gardel, al ver cómo, desde 1935, el fenómeno Gardel se escapó de las manos de su círculo íntimo. Desde luego, estaban los sensacionalistas de siempre, que se acercan a cualquier fenómeno que puede vender. Pero, quizás, lo determinante fue la aparición en escena de varias personas vinculadas históricamente a Gardel que, ahora, buscaban beneficiarse con una versión distorsionada de los hechos. Tejieron una telaraña de mentiras con fines propios y, de paso, crearon el mito que sigue hasta hoy. El Gardel histórico terminó siendo muy parecido al personaje "high-life" de las películas de la Paramount, en última instancia, una víctima de su propia promoción. Hoy, su fantasma ronda los lugares turísticos de su Buenos Aires querido, y ¿por qué no? de su Montevideo querido, también.

Edmundo Guibourg, famoso por meritos propios, no necesitaba explotar la memoria de su amigo para ganarse unos pesitos. Además, estaba demasiado ocupado. El de Vincent Thomas es un caso similar. Hombres de acción que mantuvieron bajo perfil en vida de Gardel, ahora preferían evitar confrontaciones públicas con los nuevos actores. Si bien esta postura se respeta, guardar información clave durante tantos años permitió que cierta confusión sobre Gardel perdurara. Es un objetivo de este libro hacer un aporte para que la gente conozca al verdadero Gardel: un Gardel admirable, pero muy distinto al mito.

¿Qué problema hay con que este mito perdure? uno podría

preguntarse. El mito es lindo y muy halagador. Hasta tiene algunos elementos de verdad. Pero recordemos que Carlos Gardel fue el artista que llegó más lejos en la historia del espectáculo hispano. Su carrera resulta interesante como objeto de estudio para mucha gente. El caso Gardel, además, es un modelo de convivencia entre hispanos, un ejemplo de promoción cultural. Gardel nos puede enseñar tanto...

Lamentablemente, del Gardel "mito" no se aprende casi nada. Y, lo peor, se terminan ocultando aspectos importantes de su vida. El mito distorsiona tanto que, después de tantos libros escritos, ni siquiera los estudiosos del tema saben cómo hizo para triunfar en Europa, para filmar tantas películas en el exterior o cuáles fueron sus verdaderos pasos en los Estados Unidos. Gardel queda reducido a una buena imagen surgida de las divertidas anécdotas de sus supuestos "amigos" y todo concluye con el misterio de que "cada día canta mejor."

La idea de este libro nace en el año 2000, cuando Edmundo Eichelbaum, ya autor de su propio libro sobre Gardel, invita a Vincent a colaborar en un segundo libro. Vincent empieza a escribir las primeras líneas, pero la muerte de Eichelbaum interviene y nada se concreta. Sin embargo, había nacido la idea de publicar algo muy personal, un homenaje al gran artista que había marcado su juventud. Dentro de la comunidad argentina, varios amigos se ofrecieron a ayudarlo. Conociendo mi experiencia como investigador y en temas editoriales, solicitaron mi ayuda para que el libro salga. Este libro es en realidad un producto de la gloriosa comunidad argentina de Los Ángeles, California. Para mí, es un verdadero honor ser parte de un libro que considero que faltaba. Es mi esperanza que estas memorias sirvan de base para futuras investigaciones.

César Fratantoni

INTRODUCCIÓN

El Misterio Primero

En ocasiones, se lo ha llamado tango argentino para diferenciarlo del tango andaluz. Pero fuera del nombre, entre un tango y otro, hay muy poco parecido, únicamente alguna que otra languidez que lo relaciona de lejos con los parientes pobres. Lo cierto es que, de sus orígenes desconocidos, sólo se pueden tejer conjeturas: el tango apareció de pronto en los prostíbulos de Buenos Aires, a fines del siglo XIX, totalmente terminado, como Venus en el océano. Surgió en los lugares donde se bailaba, se jugaba, se comía y donde, ocasionalmente, se satisfacían otras apetencias marginadas por el desorden ambiental.

Allí se daban cita, principalmente, esos hombres de cara lisa y lenguaje cifrado para vigilar el rendimiento de sus mujeres y que se divertían con la seriedad conveniente que cuadra a los hombres de verdad... Y de la época.

Hecho, dicho sea de paso, que llamó la atención del periodista francés Albert Londres, autor de un libro que hizo época, llamado *Los caminos de Buenos Aires*, en donde relataba la historia de los prostíbulos, sus mujeres y sus parásitos. Así, Buenos Aires se hizo tristemente famosa como la meca de la prostitución.

La música que allí sonaba recordaba los sones dulzones de las *canzonettas* napolitanas y de los fados, plagados de claroscuros flamencos y pasados por el tamiz determinista del fatalismo islámico.

Eran producto de la inspiración de autores desprejuiciados entre quienes había algunos con una base musical profundizada; pero ellos mismos no auguraban nada duradero de sus creaciones.

De hecho, ellos fueron los que encajonaron escalas magistrales en los compases del dos por cuatro, sin preocuparse por la originalidad, seguros como lo estaban de que sus composiciones iban a morir allí mismo donde habían nacido, en la inspiración del momento.

El tango llegó con el desenfado que acuerda la seguridad de saber que esas obras espontáneas eran efímeras y libres de cualquier revisación posterior. Ninguno de sus originadores creyó seriamente que sus creaciones llegarían algún día a atraer la curiosidad sistemática de futuros historiadores.

Los títulos de los primeros tangos lo dicen todo, son alusiones apenas veladas. "El choclo", por ejemplo, símbolo fálico, fue uno de los mejores tangos de la época y cuyo título ha perdido todo significado, al igual que "La Goulue", de Toulouse. Esos títulos, además, eran el único recurso literario, necesario para denominar a la nueva danza: era una música que no requería palabras.

El tango no exigía, para dar a conocer su mensaje estético, otro lugar que el llamado *quilombo*, palabra extraída de la jerga brasileña que aludía al ruido desordenado que dominaba en el burdel, donde campeaba la grosería como reina y señora.

Era una danza embrujada que aludía a esos misterios que sólo acordaba el amor prohibido. Era atractivo y, si bien no había maestros para guiarlos, los muchachos más cancheros, que lo habían bailado la noche anterior en el prostíbulo, se lo enseñaban a los amigos novatos de la barra, con quienes se reunían en las esquinas al caer la tarde.

A principios de siglo XX, el tango se bailaba en la calle entre hombres, aunque esto no tenía que ver con preferencias sexuales, sino porque las muchachas de aquel momento no iban a bailar a la esquina. Así, no quedaba otro método para practicar esta danza embrujada. Por entonces, ese tipo de baile y esa música, igualmente promiscuos, eran vedados para la sociedad femenina y las costumbres estrictas que dictaba la época.

Organito de la tarde

El tango se bailaba, entonces, al son de los organitos. Los organilleros, en general italianos, llevaban el tango encerrado en sus pianolas portátiles, unas cajas sonoras que constituían toda una novedad.

Esos organilleros, moledores de tangos como los llamó Homero Manzi, se instalaban en la esquina y silenciaban los ruidos de la cuadra con su música, integrada por las tonadas más populares entre las que asomaba, triunfalmente, el nuevo ritmo de fabricación nacional. En tanto, las chicas, escondidas detrás de las persianas de las ventanas, espiaban a los muchachos que se sabían observados y, por qué no, admirados...

Pero los verdaderos maestros todavía no se habían atrevido a salir de día fuera del prostíbulo, donde bailaban, contaban el dinero y se repartían el botín del último laburo.

Esos lupanares eran un hervidero que la sociedad de entonces trataba de ignorar y que se regían por leyes propias. Las autoridades no intervenían porque, allí, de pronto, aparecían los patoteros más famosos, en general miembros de las familias más encumbradas de la llamada "sociedad", entre ellos Benito Villanueva y el joven Torcuato de Alvear. Fueron ellos quienes pasearon sus automóviles unidos con una cadena y sembrando el terror entre los transeúntes.

Eran ellos quienes viajaban a París, con todo el oro del mundo, frecuentaban los mejores y los peores lugares, repartiendo dinero y tirando manteca al techo. De allí trajeron algunas influencias apaches.

Fueron ellos, también, quienes invitaron a los bailarines ilustres del ambiente a cruzar el océano y mostrar sus talentos en el viejo continente. Uno de ellos fue el Cachafaz, el señor del tango, cuya elegancia hizo estremecer a las mujeres europeas, a quienes les enseñó la sentada, la lustrada, los cuatro y los ocho, al compás de un tango que ya había dejado la anécdota para convertirse en una danza trastornante.

El Cachafaz, acuciado por la miseria, bailó hasta muy entrado el siglo XX, pero ya no era el mismo, según recuerdan los que lo vieron en sus épocas de esplendor. La bebida, las drogas y el despilfarro lo fueron minando.

Así y todo, conservó en algunos recovecos algo de la figura espigada, alguna agachada o el esbozo de una mirada inquietante que hacían comprender el escalofrío experimentado por sus contemporáneos al verlo zigzaguear en el escenario.

Si los momentos pudiesen volver a ser vividos, él, y no otro, debería haber sido el modelo de ese personaje de Borges que se abre paso diciendo "Abran cancha que la llevo dormida". Lo que constituye toda una definición del tango.

Luego vinieron otros, pero los puros los miraron con desdén. O eran demasiado burdos o eran demasiado del barrio, les faltaba la carpeta que sólo da la mala vida. Allí, como el malevo buen mozo, empezaron a bailar el tango a la francesa. Es decir, el tango al que le habían peinado la crencha engrasada del

Malevo Muñoz, poeta excelso de los arrabales de entonces.

Después, el tango siguió haciendo camino. Le empezó a quedar chica esa cuna de chorizos del conventillo donde se refugiaron los inmigrantes llamados sumariamente gallegos, tanos, turcos y rusos.

Y se fue para el centro, dejando en el camino ese dolor de haber nacido sin saber por qué ni para qué... Para morir, sorpresivamente, después, sin llegar a saber hasta cuándo.

El "mandolión"

Como corolario de la perfección, llegó un instrumento que pareció haber sido hecho especialmente para él, porque, hasta entonces, al tango lo interpretaba un piano, una guitarra, posiblemente un violín y, quizá, una flauta.

Pero, allá, en las brumas septentrionales europeas, alguien introdujo un instrumento que parecía no tener porvenir y que se conoció con el nombre de bandoneón, al que los reos bautizaron "mandolión".

Al principio, su sonido pasó inadvertido. Pero alguien descubrió que rezongaba como los viejos italianos, que su sonido era ronco y que hasta tartamudeaba como los hombres adustos de pocas palabras.

Lo bautizaron "mandolión" y se apropiaron de él sin falsos sentimientos.

Enrique Santos Discépolo le dedicó un tango donde afirma que ese fuelle, como lo llaman ahora los intérpretes, es una *"oruga que quiso ser mariposa antes de morir"* y que, tras haberse burlado de él, para disculparse, confiesa que tuvo la sensación de que su canto cruel, *"lo habías roba'o, bandondeón...".*

Y así, finalmente, el tango alcanzó su sonido único. Ya sólo le faltaba hablar...

Fue, entonces, cuando apareció Don Carlos Gardel, que seguramente ahora se encuentra allá arriba... ¡a la diestra! Entonces, sí, el tango alcanzó su dimensión definitiva.

Gardel fue el cantor al que le cabían todos los elogios. Cuando vivía lo llamaban "El Máximo". En Montevideo, lo apodaban "El Mago". Era como el papá de todos. Carlos Gardel marcó una época en la Argentina y, hasta, los presidentes buscaron parecerse a él.

Era la juventud, todo alegría, que expresaba la angustia como nadie. Cuando Gardel murió en Medellín, durante una gira triunfal, el 24 de junio de 1935, la Argentina se puso de duelo. La música se puso de duelo... ¡El tango se puso de duelo!

Gardel había llevado el tango a España, aunque otros cantores lo habían precedido. Pero fue él quien tuvo un éxito despampanante. Después de pasar por España siguió hasta París, donde, en el Salon Pleyel, se lo escuchó religiosamente, aun cuando muchos no comprendían lo que decía este cantor que venía desde la Argentina.

Los literatos de la época quedaron enloquecidos y hasta Henry de Montherlant lo introdujo en una de sus novelas.

En Joinville, Francia, rodó como protagonista las primeras películas sonoras argentinas. Y tanto fue su éxito que luego pudo volver a filmar en Nueva York. Dicen que allá, en París, estuvo al mismo tiempo que la orquesta de Paul Whiteman, cuyo crooner -o primera voz- era un muchacho rubio llamado Bing Crosby y quien expresó su admiración por el argentino, diciendo: *"You know what?... I like this guy because he sings with his balls...".*

Fue tal la personalidad de Gardel, que se produjo una simbiosis entre el tango y él y, por eso, cuando murió, todos se preguntaron qué iba a ocurrir con el tango.

En efecto, el tango pareció detenerse... Pareció perder interés, dejando que los demás se encargaran de él.

Hubo una serie de intentos. Las orquestas se hicieron más opulentas y numerosas. La gente quería comprenderlo, escuchar ese ritmo, bailar esa danza, cantarla. Argentinos hubo que reconocieron que sólo se sintieron atraídos por el tango cuando viajaban al exterior.

Melancólicamente, el tango se fue despojando de todo el ropaje de sus años mozos. Tanto que en alguna letra se habla de su muerte, aparejándola a la de la costurerita llevada a París, donde la consumía la tuberculosis: *"Como un tango viejo y triste, / que ya nadie ha de cantar. Siempre te están esperando / allá en el barrio feliz, / pero siempre está nevando / sobre tu sueño en París"*[1].

Los poetas se apoderaron de él, algunos pretendieron moldearlo y otros, sacudirse el yugo.

El tango siguió viviendo, pero ya hacía rato que se lo habían despojado de su pantalón bombilla con presilla, sus zapatos de taquito militar y su sombrero requintado y claro, por el que asomaba la melena despeinada que caía sobre la cara poceada de viruela.

Los violines se apoderaron de él. Hubo hasta un cornetín que pretendió corearlo. Y salieron al escenario una serie de

---

1. Letra del tango "La que murió en París", de Héctor Blomberg.

bailarines que buscaron dibujar, a su compás, las poses más acrobáticas. Pero el tango es solapado. Su fama sensual era y es tan grande que siguió cosechando laureles, aunque en los salones lo hayan bastardeado como hicieron con la canción del apache parisiense que arroja a su pareja por los aires y la corre a puntapiés por el escenario.

Esa fama de virilidad seductora y de sensualidad no cayó en saco roto para el director Bertolucci, que puso título a su película *El último tango en París*, y rodó con Marlon Brando una de las producciones más audaces de la historia del cine, que pretendía ser el epítome del amor sensual y brutal.

Frank Sinatra cantaba que *"para bailar el tango se necesitan dos"*.

Y el tango parecía vivir de sus recuerdos. En Buenos Aires, como muy bien lo decía Borges, nunca fue bien recibido. Porque el tango, para la gran mayoría de los porteños que quieren tener una vida tranquila, es el guarango del bajo fondo que se mezcla con los demás diciendo como Martín Fierro: "*Yo soy toro en mi rodeo y torazo en rodeo ajeno*".

El tango no pertenece al campesinado, pero es de las orillas de la ciudad, de los suburbios, que siempre están buscando invadir el centro de la clase media y opulenta.

El tango es un individuo de mala reputación, es quien, cuando habla de trabajo, se refiere a algún atraco y el que dice con el mayor desenfado: *"Soy desconfia'o en amores y soy confia'o en el juego, donde me invitan me quedo y donde sobro también"*.

El tango es el rufián carterista que sigue a una pareja en el centro para robar la billetera del galán *"frente mismo al teatro*

---

2. Letra de la milonga "Lanza Cabrera", de Alberto Cosentino.

Apolo... Y como el gil era lolo, se le prendió a la sotana"[2].

Por eso, llamó tanto la atención en Buenos Aires cuando se supo que el tango había resucitado con un triunfo de campanillas en los Estados Unidos. El mismo tango que tenía adeptos en Cuba y en el Japón, además de gustar en Francia, donde se hicieron muchos tangos, aunque ninguno suena como los del Río de la Plata.

Ya se sabía que en los Estados Unidos había tenido algún éxito, pero luego de pasar por el tamiz, por ejemplo, de Rodolfo Valentino, quien, vestido de bailarín flamenco y armado de un látigo, bailaba una danza reminiscente para delirio de sus admiradoras.

También se recuerda ese tango "Orquídeas a la luz de la luna", de compases impecables que conoció algún suceso por venir enancado a la película *Volando a Río*.

Pero, en la Argentina, quedan todavía algunos exégetas envejecidos al arrullo del bandoneón y mecidos por los sueños de la caña, que lo miran con desconfianza pensando que ya no es aquel que hizo decir a Maroni *"Tango que me hiciste mal y sin embargo, te quiero"*. Ese tango ya no le hace mal a nadie... No es el mismo de antes... Es más bien alguien que se acuerda de sí mismo y que busca resucitarse, siguiendo la tradición trágica que llevó a la muerte al Cachafaz y que mató a Gardel cuando se elevaba en el avión para llevarlo, sí... ¡a la diestra!

A LA SOMBRA DE CARLOS GARDEL

Mientras se apagan los ecos de las milongas de Alsina

La vanidad alimentada por una ignorancia muy pocas veces desmentida fue el pretexto al que recurrí para no seguir una carrera literaria, a la que algunas circunstancias exteriores parecían haberme signado, aunque disfracé de pereza lo que, en realidad, era falta de interés y, seguramente, de condiciones.

Así paso el tiempo, consolándome de no haber sido otro más. Pero hace poco un amigo entrañable me recordó una situación especial, brindada exclusivamente por el tiempo y la casualidad: en efecto, debo ser uno de los muy pocos que quedan y que tuvo el honor de haber conocido a Gardel personalmente, de haberlo escuchado cantar y de haber hablado con él.

Yo no era sino un chico, pero el recuerdo permanece y puedo decir, inclusive, que ha marcado toda mi vida. Es más, Carlitos fue para mí un ídolo antes de saber que lo era para los demás. Lo era porque cuando lo conocí, mi madre me dijo que era el mejor cantor de tangos, cosa más que suficiente, sin que yo supiera si ése era un valor que debía tomarse en cuenta. Mi madre que, a esa edad, era la verdad misma. Además, cuando íbamos a Europa en el Conte Verde, todos lo admiraban. Luego, cuando vivimos en París, lo veíamos de cuando en cuando o teníamos noticias de él. Y cada una de esas noticias nos iba llegando con tono admirativo. En aquel entonces, para mí, era el gran personaje. Era la admiración de Mamita y eso me bastaba. Yo no lo admiré después de muerto; fui un incondicional desde el comienzo mismo.

Mamita poseía una capacidad contagiosa de admiración. Todo lo que tenía algo que ver con nosotros era admirable.

Todos los que se acercaban a nosotros o nosotros a ellos ascendían inmediatamente a una categoría superior.

Lo que hacía Papito era maravilloso. Cuando Papito contaba algún chiste o hacía alguna broma, era digno de veneración. Además, era el mejor de todos. Gozar de su estima era un mérito inapelable. Mamita lo decía y yo lo refrendaba con el mayor entusiasmo, agradecido de compartir con ella ese sentimiento.

Cuando volvían muy tarde, luego de haber estado en El Garrón, el cabaret de Manuel Pizarro, Mamita me despertaba besándome e inmediatamente agregaba algo a la gesta que estábamos viviendo.

Una noche entre tantas, Carlitos la había sacado a bailar y cuando se acercaban a la baranda donde estaban los curiosos alrededor de la pista, hombres y mujeres, le decían de todo, piropos, insultos y propuestas. Yo no entendía muy bien que hombres y mujeres les dijeran cosas. Sospechaba que lo que decían los hombres era de envidia y que las mujeres querían que Carlos bailara con ellas y no con mi mamá que era tan linda.

Fue mucho más tarde, cuando me enteré de algo de las complejidades del sexo, que supe porqué los hombres también le decían piropos. Luego mi amiga Gisèle me contó que algunos integrantes de esa muchachada de admiradores franceses de acuciante sexualidad difusa, decían de él, "*Il a une belle gueule, mais il est trop pomme*"[3]. Eso de la manzana no lo entendí hasta que perdí con el tiempo algo de mi ingenuidad, pelotudez que nunca he podido superar.

Él escuchaba y se sonreía, y yo también, totalmente entregado, sonreía al escuchar. Precisamente, a raíz de esas noches de El Garrón o del otro cabaret que Pizarro tuvo más

---

3. Tiene facha, pero es demasiado hombre. Juego de palabras con ponme y homme.

tarde, Mamita recordaba riendo la anécdota de un tal Roig, que se volvía muy pendenciero cuando estaba tomado. Parece ser que este personaje de la noche, tenía cicatrices en la cara cosechadas en un accidente de automóvil. Una noche en que Gardel estaba bailando con una *entraîneuse*[4] del cabaret, por la cual Roig sentía inclinaciones, éste se acercó a Gardel y lo separó violentamente de la mujer. Hubo un amontonamiento y Pierotti acudió para separarlos y sobre todo para cuidar la integridad física de su representado, con tan mala suerte que recibió un puñetazo en el ojo. Lo que provocaba, al contarlo, la inefable alegría de mi madre bienamada y por supuesto la mía, era lo que vociferaba Roig, al que arrastraban fuera del lugar, tartajeando y señalando su rostro *balafré*: "*¿Vos te creés que esto lo tengo de niño bien?*".

Yo bebía esta anécdota lleno de satisfacción porque se trataba de algo ocurrido en el olimpo de los personajes a los que ella frecuentaba. No analizaba más allá todo eso sucedido en ese mundo de semidioses que frecuentaban Papito y Mamita.

> *Sí, pulvus eris et pulvus reverteris.*
> *¡Amén, Amén, Amén!*
> *Puede ser, Abel, que haya un dios...*
> *Pero ese no es el tuyo, ni es el mío.*

No recuerdo muy bien la oportunidad en que vi a Carlitos por primera vez. Creo que fue en el Conte Verde, en el que viajábamos a Europa.

Todas las noches, Carlitos, que viajaba en primera clase, venía a visitarnos al comedor de segunda, para compartir la sobremesa. Ahí estábamos con otras personas entre quienes

---

4. Mujer contratada para hacer de pareja con los clientes.

había un tenor italiano de pantalones blancos inmaculados y junto al cual me habían sentado. No sé por qué motivo, el mismo, sin duda, que incita a la mayor parte de los niños intranquilos llamados pendejos insoportables, hacía que lo golpeara con los pies por debajo de la mesa, ensuciándole los pantalones. Esto lo ponía fuera de quicio. No recuerdo si eso era continuamente o si ocurrió sólo una vez. Pero esa reacción del italiano, lejos de su presencia, era objeto de alegría y de cachadas.

Como yo era el culpable, escuchaba y callaba, recién ahora le doy la razón a ese tenor de quien nunca supe si consiguió alguna vez que la fama cantara con voz su nombre pregonera.

Elle est retrouvée.

Yo no relato, cuento. Quiero decir que no tengo argumento, o mejor dicho, sí, hay un argumento y ése es Carlitos.

Aquí pongo todo lo que tengo. Pero no sigo una trama, no es necesario, mi sistema es viejo como la cosmogonía, porque estando quedo lo veo todo de una sola vez. Por eso, cuento lo que voy recordando. Son cosas que encajan en el argumento total y tengo mucho cuidado, sobre todo, de no ser infiel a mi memoria, a la que desgraciadamente he sorprendido muchas veces en renuncios inexplicables e inconfesables.

Releo lo escrito y descubro, aquí y allá, atisbos, sombras, sospechas que no condicen, pero no me atrevo a borrar ni a corregir, porque no quiero traicionar a éste que sigo siendo yo. Porque sé que en el fondo, cuando lo escribí, tenía motivos que ya no recuerdo, que se borran inmediatamente con la inspiración, a la que hay que respetar mucho... Además, siento que a mí también el ala de la imbecilidad ya me ha prevenido rozándome algunas veces la frente.

Y yo sé que me estoy muriendo

Los recuerdos surgen a borbotones y hay que contemplarlos con mucho cuidado para no confundirlos con viejos sueños, no puedo dejar de mirarme y de criticarme, enternecido, por ese otro personaje cuya vida visualizo hasta el presente, pero cuyo fin permanece, aunque cada vez más cercano, en el misterio. Ya he llegado a la etapa en que los muertos me visitan. Contemplo la creación, la misteriosa manifestación de la creación. La luz de una vela, el movimiento repetido del mar, el oleaje, el fuego, la brillantez de los colores, la reproducción de la realidad y la anticreación, también... La nada y el todo, el bien y el mal.

Lo que recuerdo era la insistencia de todos pidiéndole a Carlitos que cantara. Resultaba difícil hacerlo arrancar con alguna canción y casi siempre hacía falta que alguien con algún pretexto lo hiciera, para que él con la autoridad que lo asistía, lo llamara a silencio. Pero, cuando finalmente arrancaba, las canciones se iban sucediendo unas a otras. Recuerdo sobre todo, haberle oído interpretar "Fierro Chifle", "Te aconsejo que me olvides", "Misa de once".

Me gustaba tanto escucharlo que, al día siguiente, yo cantaba "Fierro Chifle" para diversión de mis padres, imitando los gestos y las muecas inexplicables que hacía Carlitos.

Una de esas noches, el tenor italiano, cuyo nombre no recuerdo o nunca supe, aconsejó a Carlitos que se dedicara al bell'canto, luego de oírlo entonar alguna canzonetta.

No recuerdo los diálogos, seguramente porque, para mí, por entonces, debían carecer de sentido. Sólo recuerdo que Gardel sonreía o se reía. Lo tomaba a broma, diciendo a los demás que el tano lo estaba cachando.

Se habló mucho en la mesa del don misterioso de tener voz. Hay que tener en cuenta que el ejemplo patente era el de Caruso. Tenía mucha importancia, entonces, el tener un gran volumen de voz. De ahí, que a Tito Schipa lo llamaran el tenor de bolsillo.

Gardel sin tener una gran voz no tenía una voz de *petit comité,* como decía Mamita con cierto orgullo, adoptando el gesto de seriedad que asumía cuando creía haber dicho algo importante. Todavía Chevalier no había estrenado su sátira a los cancionistas sin voz que se encaramaron, luego, en los escenarios, con el advenimiento del micrófono.

Cuando se me ordenaba despedirme para ir a acostarme, llevado por mi mamá, les daba a todos un beso en la mejilla, a Gardel inclusive, sin olvidar al tenor italiano, por orden inapelable de mi mamá.

Recuerdo que me llevaba al camarote y que me dejaba acostado. Yo luchaba por no dormirme tratando de impedir que Mamita se fuese. La llamaba una y otra vez y ella volvía, hasta que se enojaba, me apagaba la luz y yo me quedaba llorando; y eso, antes de haber leído a Proust. Luego, me quedaba pensando ante lo irremediable, sufriendo esas inquietudes que sólo nos atrevemos a confiar a nosotros mismos y que surgen de profundidades aún más abismales a la que cobija la misma conciencia.

Carlitos hacía mucha gimnasia. Se arropaba bien, se ponía una gorra y corría por el puente del barco. A veces lo acompañaban Papito y el pintor y dibujante Cristóbal (el Gallego) Arteche, que era aragonés y que ilustraba los artículos de Papito. Ambos habían sido designados, por Botana, como representantes del diario *Crítica* en Europa.

Arteche debía ser muy joven y hablaba con un acento español muy marcado, pero adoptaba eso sí, tonos de la jerga porteña y llevaba una boina a la que pretendía darle un simbolismo deportivo. Pero para coronar su atuendo de salir, lucía un chambergo gris muy compadre con el ala gacha sobre los ojos. Esa boina y la afectada arrogancia del gallego lo convirtieron en objeto de las bromas de Gardel y de Papito. Un día los vi a los tres sobre el puente trenzados en una lucha matizada de risotadas: entre Gardel y mi papá, le arrancaron la boina y se la arrojaron al mar.

La indignación que más tarde experimentaría yo personalmente por esa clase de bromas, no me había llegado todavía, por lo que aplaudía la *plaisanterie* que, por otra parte, al haber sido perpetrada por Papito y por Carlitos, merecía toda mi admiración.

Arteche, como buen punto, sí se indignó.

Gardel seguía con sus ejercicios corriendo por la cubierta y haciendo movimientos y expulsiones de aire, al estilo de los boxeadores. Le gustaban mucho los espectáculos deportivos y, sobre todo, el boxeo.

Precisamente, hablando de boxeo, una noche en París, Gardel invitó a mi papá y a mi mamá a ver una pelea de un boxeador italiano llamado Cleto Locatelli.

Antes de la pelea, mi mamá me contó que iban a ir con Carlitos y yo compartí toda la ansiedad y el entusiasmo de Mamita. Para mí, Locatelli, debía de ser el mejor boxeador del mundo puesto que Carlitos lo iba a ver, acompañado de mi papá y mi mamá. En aquel entonces, mi información pugilística era muy escasa, aunque ya había oído hablar de Georges Carpentier y Jack Dempsey. Y seguramente, esa afición por el boxeo que todavía conservo debe remontarse a esa pelea de Locatelli, contra no sé quién, ni en qué peso. A raíz de eso, me regalaron un par de guantes y todavía conservo el cuadro que Arteche pintó a lo Pascin, tomándome de modelo, aunque agregando luego contra todas mis protestas, a su hijo, más chico que yo, desnudo al lado mío y a mi papá en el fondo. Evidentemente ni mi papá, ni Arteche compartían entonces, mis inquietudes estéticas de marcada influencia realista.

Al día siguiente, supe con gran satisfacción que Locatelli había ganado. Y escuché el autorizado relato de Mamita opinando acerca de los golpes y de la eficacia del italiano. Yo miraba con asombro la forma en que mi mamá cerraba los puños, ella que fue la mujer menos violenta que haya visto en mi vida y la veía aplicar golpes en el vacío con una torpeza enternecedora. Me contaba cómo Carlitos se había puesto a gritar alentando al italiano y terminando finalmente su relato asegurándome con toda la autoridad que le asistía, que Locatelli estaba destinado a ser campeón del mundo. Cosa que no dudé en ningún momento, pero que lamentablemente no se cumplió jamás, en una época en que la única entidad internacional de boxeo existente se mostraba tan parca en categorías.

Esa inclinación que Gardel tenía por el deporte se reflejó un día en que invitó a Papito a ir a Londres para presenciar un partido entre españoles y británicos. Pero prefiero que eso lo cuente mi viejo, directamente. Se trata de un artículo que yo le pedí que hiciera para un diario que fundé muchos años más tarde, *Deportes 66*. Ese artículo, que murió con el diario, me permite darle ahora nueva vigencia. El artículo decía lo siguiente:

Carlos Gardel, hincha y mascota frustrada en Londres

Al objeto de mostrar mínimos aspectos que tanto interesan sin embargo a quienes beben con delicia todo lo que se refiere a la idolatría creada en torno a la leyenda de Gardel, podrían ser amenos los pormenores del viaje en común, talla travesía oceánica a bordo del Conte Verde, a fines de 1927, y el eufórico desembarco en Barcelona, empañado por la peregrinación hacia la enfermería de la plaza de toros donde curaban al popularísimo diestro Belmonte, a raíz de grave acometida.

Por sobre todos aquellos recuerdos que han hallado su lugar en respuesta a acuciosos reportajes o configurando crónicas evocativas, preferiré concretarme ahora a la breve escapada de tiempo más tarde a Londres desde París, en cierto modo consecuencia del aquel alegre tránsito por España.

Acaso en el afán de probarme que no acudía a mi auxilio tan sólo cuando se le presentaba la perplejidad y el apuro de tener que afrontar una charla mano a mano con don Jacinto Benavente, de paso por la capital francesa, con la vena necesaria frente a las curiosidades filológicas del gran dramaturgo relativas a los modismos del Río de la Plata y en particular acerca de la influencia de la germanía peninsular, sobre todo la de fuente andaluza, dentro del lunfardo porteño, Carlos se proponía hacerme partícipe -como a otros pocos amigos- de la garrulería promiscua de visitantes ocasionales; y una vez podía ser la intelectualizada presencia de un Henri de Montherlant, que se consideraba acérrimo hispanista e hispanófilo en sus aficiones, y asociaba a trasplante de lo español el folklore sudamericano; mientras otra vez el mismo Belmonte que, relegados la muleta y el estoque, soslayaba la tartamudez al entonar con racial fundamento y bética solera, es decir con autenticidad de cueva de Albaicín, y por cierto que en deleitoso tono menor, hipíos del cante jondo. Y una nueva voz podía determinar su llamado, como en el caso que viene a mentes, la alegría de reunir, en tanto ajustaba el chiripá gris de bordes negros, el rico cinto y las historiadas nazarenas, a los muchachos del seleccionado español encargados de llevar por primera vez sus emblemas a un field de Inglaterra. Ingenuos, rientes, alborozados, efusivos mocetones, tan adictos al culto de la amistad, tan empeñados en devolverle a Carlos la moneda contante de la simpatía, que allí permanecían hacinados en el camarín de la Sala Wagram, privándose de andar pispeando por los bulevares el atractivo de la saturación galante de la noche parisina.

Vamos a Londres

Y así surgió de él la brusca invitación:

-Viejo, tenemos que ir a Londres.

Empleaba un acento de deber irrenunciable, como si el equipo fogueado más allá de las fronteras fuera a carecer del aliento que lo retemplase en la aventura, de cuya salida el recio Samitier no parecía muy seguro, a pesar del optimismo casi inconsciente de Zamora, de quien pudimos pensar por un instante que se le había subido al seso el adjetivo de "divino" que los cronistas de lo que llamaban balompié aplicaban a su virtuosismo de portero. A Carlos, ambas palabras, le sonaban en falso, sirviendo la base a bromas que acompañaba de cordiales palmadas en la espalda.

Ya en Barcelona, me había comunicado, ratificada después en Madrid, su impresión respecto a la nueva furia española, la de los campos de deportes.

¡Cómo cambia todo esto! Verdad que aquí no tienen nuestro frenesí popular de los hipódromos.

Pero hay una diferencia enorme de sensibilidad entre aquellas caravanas que se dirigían jacarandosas a los toros y salían de los tendidos cariacontecidas, a estas filas de a tres en fondo y por largas cuadras que he visto aguardar desde la salida del sol hasta las cuatro de la tarde a que diesen puerta. Y te aseguro que no es para revender las entradas.

Cosa curiosa, fíjate que no vi en ninguna pared cartel alguno que me anunciase y en cambio leí a cada paso en grandes letras: Orsi juega el domingo. Vaya un argentino por otro.

De aquella fiebre procedía este cuadro dispuesto a invadir a Inglaterra por aire y en forma bastante más aguerrida que la del temeroso rebaño que solía, en aquel entonces, acomodarse a bordo de un aparato aéreo cualquier orquesta típica tanguística metida en saltos geográficos. Temor que también a Carlos le inhibía, por mucho que pretendiera derivarlo al terreno supersticioso. Tópico éste que hubo que inscribirse a título de presentimiento fatídico en los relatos luctuosos de Medellín.

Nosotros tomaríamos el ferry. Le acompañaríamos Luis Pierotti, su administrador y amigo y yo, pues que en vano le dimos vueltas y vueltas al riesgo ineludible del mareo a que nos condenaría el Canal de la Mancha, así el cruce durara apenas algunas horas. De entre los varios pasajeros que conversábamos en cubierta, afrontando un viento helado, a él le tocó ser el último, esa noche, en desaparecer por la escotilla vencido por las náuseas. Claro que todos y cada uno nos habíamos envalentonado en la jactancia de resistir la sugestión.

La llegada

El cansancio de la alborada, la leve molestia aduanera y el querer entrever el paisaje camino de Londres, disiparon el malestar. Niebla por niebla, reservábamos al crepúsculo y a la nocturnidad venidera la exploración turística, no sin antes acercarnos al hotel donde paraban los jugadores, llevándoles admoniciones de estímulo.

Ellos debían descansar, cosa que Luis Pierotti aceptó como consejo, mientras Carlos y yo, poseídos de un peripatetismo que él estilaba para higiene de los tejidos y a mí me agradaba por hábito trashumante, anduvimos hurgando malecones y docks del Támesis, por delante de tabernas lóbregas que resucitaban capítulos de Dickens, cruzando puentes de nombres históricos, advertidos por la implacabilidad de Big-Ben de la torre Westminster y causando la inquietud de gigantes *policemen*, rígidos bajo los cascos, a quienes sin duda sacaba de su abstracción la resonancia de nuestro paso rápido en silentes calles.

El domingo del partido, más que una caminata, nos esperaba un trote colectivo durante el trayecto de más de kilómetro y medio desde el sitio en que estaba prescripto que se detuviese un vehículo hasta la cancha de Arsenal.

Pero habíamos repuesto las energías y sólo falló Pierotti, en razón de lo que Carlos llamaba amablemente sus nísperos, no estando para sumarse al trote compacto y multitudinario y algo así como obligatorio. De ahí que piano-piano lo viésemos llegar al estadio al segundo gol.

Los diarios habían anunciado el match en primera plana, en la que títulos sensacionales anotaban una circunstancia inesperada y auspiciosa, la del día radiante. Uno decía, "sol de Sevilla, para el partido con los españoles". Los sevillanos hubieran tenido por raquitismo solar el tímido asomo de inusitada primavera entre chubascos.

Cuando nos acomodamos en las escalas del anfiteatro, para atenuar cuya dureza alquilaban almohadillas, acotó Carlos, asombrado:

- Tanta gente y cada uno en su localidad, sin tumulto previo ni agolpamiento en las entradas. Igualito que nosotros.

Y ese orden era tanto más digno de observarse desde que no se habían vendido en suplemento millares de billetes más para asistir de pie, fuera de lo común.

La cancha estaba barrosa, Samitier nos había comentado el inconveniente del merengue, en la certeza de que los muchachos lo superarían.

Gallegos petisos

Procedían al saludo ceremonioso de los equipos y Carlos me anticipaba entre burlón y penoso: ¿Mirá, si a los *johnnies* se les ocurre jugar de cabeza, cómo se las arreglarán los gallegos para ver la pelota ante quienes los doblan en estatura?

Diríase que hubiese adivinado. En un principio los españoles contemplaron un balón deformado por el barro que rara vez tocaba tierra y corrían desolados tras lo inalcanzable. Pero a medida que la ball se dignaba descender, Aruza y Gorostiza realizaban prodigios que electrizaban a la muchedumbre. La totalidad del público inglés hinchaba por el esfuerzo de los petisos.

El único gol, frente al castigo de siete, originó en la masa británica una salida de tono entusiasta, de delirante contagio latino. Cachada, dijo Carlos. No lo era. Magro consuelo, que sólo empezó a tomar forma al domingo siguiente, al vencer a los irlandeses en Dublin por el mismo score invertido de siete a uno. Entretanto, regresamos sin tardar al hotel, cariacontecidos, pronto por acompañar en el sentimiento. Pierotti, sobre todo, daba idea de testimoniar un sepelio, hundido en melancolía frailuna de rasgos molierescos. Triste figura, que a Carlos le provocaba hipos de risa, explosiones que levantaban el ánimo de los vencidos.

Zamora no reencontraba su facilidad de palabra. Carlos, sabiendo que a él le toleraban la befa, le decía insinuante:

Mirá, Divino, el día que inventen una con manija, volvemos. Samitier le retrucaba:

- Oye, guitarrista. Por cada gol que metamos en la gira, te comprometo a que envíes una caja de puros.

Pierotti endilgó el chiste:

- ¿Vas a dejar de fumar?

Todavía al dejarlos, fuimos peatones voluntarios y contemplativos hasta el cansancio. Strand arriba y abajo, abriendo la boca ante el relevo de la guardia real, y navegando de Picadilly al Soho. Carlos no podía dejar de comentar el encuentro de los David y los Goliat y sacaba a relucir técnicas infalibles que las envidiarían los coachs que ogaño ordenando practicar el cerrojo a aplicar matemáticamente tácticas numeradas. Mezclaba términos específicos del turf que por cierto se adecuaban perfectamente. Al cabo se agarraba la cabeza, resumiendo:

- ¡Qué mascota! ¡Siete a uno!

Cifra tras la cual reanudábamos la marcha que a la postre convergía en Trafalgar Square.

Al regreso, resumió:

- Para nosotros, no hay como la alegría de volver a París. Londres me gustó como un álbum. ¿Sabés una cosa que me emocionó, entre tantas ceremonias de morriones, tanta seriedad envarada y ese torrente de gente como la que Charing Cross carga y descarga? Aquel carro de verdulero con el matungo y ruedas de goma que vimos pasar por un viejo barrio muerto, que vos decías del Medioevo. Me pareció que venía del Abasto, como un fantasma.

Life is but a walking shadow

Ese viaje en el Conte Verde, para mí, ha sido memorable. Me acuerdo de mis sueños simples y de mis ambiciones aún más fáciles de cumplir. Andaba arriba y abajo por todas las cubiertas. Trataba de entrar en la primera clase y contemplaba desde arriba los pasajeros de tercera. Lo que más me gustaba, sin embargo, era ir al camarote de los dos guitarristas que viajaban con Gardel. José "el Negro" Ricardo y Guillermo Barbieri. El negro me llamaba la atención, precisamente porque era negro. Barbieri en cambio, era más café con leche. Ninguno de los dos me ha dejado gran impresión. No recuerdo que hayan hablado mucho conmigo, pendejo insolente y mal educado. Los contemplaba desde la puerta abierta sobre el corredor, de pantalón y camiseta, tocando la guitarra y tomando mate. Gardel aparecía, se sentaba con ellos y ensayaba. También pulsaba la guitarra, pero cuando empezaba a cantar la dejaba. Mi presencia no parecía molestar. Gardel siempre tenía alguna palabra para mí. Hasta que se ponía serio y seguía con su trabajo. Mi interés, no era tampoco muy prolongado y pronto seguía con mi excursión.

La noche del paso de la línea del ecuador hubo una gran fiesta de gala. Papito se puso el smoking y Mamita un vestido de *soirée*. A mí me vistieron de la mejor forma posible a pesar de mi resistencia.

Esa noche actuaba Gardel. Yo no sabía qué era eso de pasar la línea del ecuador. Le había oído decir a Papito que el cruce de la línea afectaba el valor del vino y de los quesos y que, por ese motivo, en la Argentina no se podía apreciar el verdadero sabor de esos manjares. Esas explicaciones, no eran para mí, evidentemente, pero yo las escuchaba sorprendido. Me intranquilizaba el paso de la línea. ¿No me iría a cambiar también? Mamita se reía cuando yo se lo decía y rechazaba mis temores cambiando el importante tema de la conversación para pedirme que me portara bien. Ese portarse bien, que tanto me costaba entonces, fue un martirio durante toda la vida, hasta ahora.

Recuerdo la fiesta, que debe haber sido la primera a la que asistí. Pienso que para mí, un inexperto, no debe haber sido todo lo solemne que debiera, porque consideré lo más normal cruzar el amplio salón de baile y llegarme hasta Gardel que ya había iniciado su actuación.

En esos momentos, una de las canciones que más me gustaba de las que le había escuchado a Carlitos era "A la luz de un candil". No entendía mucho de la anécdota, seguramente sería la forma de interpretación. De los gestos que hacía, de la profundidad de la voz. Lo cierto es que esa canción me tenía agarrado.

En esa época, no era muy dado al análisis. Me gustaba y consideré, sin consultarlo con nadie, que era mi deber ir hasta

---

5. Rechazo.

Carlos y pedirle que la cantara. Quiere decir que Carlos me había dado la suficiente confianza como para pensar que podía realizar la gestión. De modo que crucé trotando el gran salón y recibí la mayor *rebutade*[5] que haya sufrido hasta entonces. Posiblemente por eso la recuerdo tan vivamente. No sé, exactamente, qué me dijo Gardel. No quiero apelar al diálogo, porque sería inventado y no quiero que estos recuerdos queden empañados con imaginaciones. Siempre me ha parecido poco adecuado el afán de los maestros que piden a los niños que escriban composiciones apelando a la imaginación. Considero que lo mejor que se puede pedir es alentarlos a que recuerden, porque los mismos recuerdos se vuelven selectivos y nos engañan finalmente a lo largo del tiempo, siendo nosotros sus primeros engañados.

Lo cierto es que volví al lado de mi madre para decirle amargamente que Carlitos me había echado. Ya no sé si esa noche Carlitos cantó la extraña historia del hombre que trae como pruebas de la infamia, las trenzas de su china y el corazón de él.

El recuerdo más vivo lo tengo de cuando llegamos a Barcelona, donde terminaba nuestro viaje y el de Carlitos. Papito había comprado en Buenos Aires, en algún cambalache, un enorme baúl, que a medida que iba desarrollándose el viaje se volvía cada vez más insoportable. Lo teníamos en el camarote y, en él, iban los vestidos y los trajes. Pero el baúl era muy grande y difícil de manejar. Papito y Mamita estaban preocupados. ¿Qué iban a hacer con ese armatoste durante el viaje que nos esperaba desde España hasta París? Los dos se quedaban pensando y deliberaban acerca de la manera de resolver el problema planteado por la inmensa realidad del baúl.

Reconozco que el aparato era realmente grande, porque luego en las diversas giras que hice como actor, nunca he visto algo tan enorme. Los capocómicos llevaban todos un gran guardarropa, pero nunca tan colosal.

Fue así que llegamos a Barcelona y todavía estoy viendo conversar a Papito y a Gardel. Recuerdo que de una forma u otra, Papito le dijo a Gardel que tenía un regalo para él y lo llevó hasta donde estaba el baúl, que a la sazón ya había hecho poner sobre cubierta. La respuesta de Gardel todavía la estoy escuchando: "¡Pero, viejo, ésta es una casa!", dijo admirado al aceptar. Y todos reían contentos.

Esas palabras son auténticas, porque aún resuena la entonación que Gardel dio a la palabra "casa". Era una manera de hablar que me admiraba y que no había notado en los demás. Luego, recuerdo la risa que todavía animaba a Papito cuando nos íbamos de Barcelona, comentado cómo se había sacado el clavo y haciendo resaltar la ingenuidad de Carlos, que debe haber maldecido, pensaba él, el momento en que aceptó ese mamotreto.

Yo solía contemplar las fotos que nos tomamos en el Conte Verde junto a Gardel. Años más tarde, todas esas fotografías desaparecieron porque mi viejo se las fue prestando o regalando a quienes se las pedían para publicarlas.

No supe nunca cuál había sido el destino ni los comentarios posteriores del citado regalo. De todos modos, la amistad nunca se perdió porque, poco después de llegados a París, Gardel nos hizo el regalo que acostumbraba hacer a sus amigos y que habla de la alta opinión que tenía de sí mismo y de su arte: una victrola con los últimos discos que había grabado.

Un día en que había visitas en nuestro departamentito de París, creo que estaba Raúl González Tuñón, quisieron escuchar en la victrola, regalo de Gardel, el tango "Comadre". Empezaron a escuchar un disco nuevo de Gardel, pero lo

---

6. Del vulgo.

Una postal del Conte Verde que, al igual que su hermano el Conte Rosso, cubría la ruta entre Sudamérica y Europa.

Fotografía tomada en el Conte Verde, en una de las noches del viaje de 1927. Gardel es el tercero desde la izquierda. El anteúltimo de la izquierda, de camisa blanca, es mi padre, y, sentada adelante de él, mi madre.

Yo, en casa del matrimonio Defino.

Salida por Buenos Aires con mis hijos y mi padre.

Armando Defino, apoderado de Gardel y amigo nuestro.

Luis Pierotti, otro amigo de la familia.

Mi padre, con el cuadro que pintara Arteche detrás, donde estoy dibujado haciendo poses de boxeador, con el hijo del dibujante al lado y mi padre de fondo.

El Garron, cabaret argentino de París, de día y de noche. Fotos sacadas en 1925. A la izquierda puede verse el cartel en el que, debajo del nombre del lugar, se anuncia: "TANGO".
Crédito de las fotos: Ministère de la Cultura (Francia).

Carlos Gardel con la señora Wakefield.

Fachada e interior de los Estudios Paramount en Joinville, cerca de París. Ahí Gardel empezó a filmar para la Paramount en 1931.

CARLOS GARDEL

Mi buen amigo Pucho! Ante todo espero estés bien de salud, varias acertadas de 5 y 5 que se hacen por mitades, que creo 'difichile', en fin que haya para escolasar, la cuestión es matar el vicio, es decir, nuestra ruina; es mejor no hablar de esto, lo único que deseo es que sepas que si no te escribo a menudo es porque Defino te ve siempre y te pasa las alcahueterías y además vos sabés que soy pelandrún para escribir.

Última carta de Gardel a mi padre, sobre el final del texto, me envía saludos.

Pero ya sabés que soy tu amigo y me conocés bien con tu espíritu de observador; lo que me interesa es que sepas que estoy haciendo patria; de aquí a dos o tres años estoy hecho, pues estoy arreando poco a poco con todo, ya conocés la expresión querido 'Pucho', no te pido me contestes, yo conozco tu 'cansancio', en fin, pero saludame a Anita y al pibe, y vos recibe de este, tu amigo, un gran abrazo y como siempre a tus órdenes.

Carlos

Cuando termine de hacer (el) 'paco', haremos la fiesta entera, que es la única forma de aguantar estando lejos

Con mis padres, antes de ir a Francia.

Caminando con mi padre por Avenida de Mayo, en Buenos Aires.

Con mis padres, en San Juan de Luz, en Los Pirineos, Francia.

Carlos Gardel con mi padre, Pierotti y dos amigos más, en París.

Irineo Leguisamo, en París, con mis padres, Manuel Pizarro y
Luis Pierotti.

Niza, Francia, postal de 1934. Un lugar favorito.

1929. Carlos Gardel en los jardines botánicos de París.

Foto de página 58. Carlos Gardel en Montevideo, en 1933, Adela Defino me regaló un original de esta foto.

sacaron a poco de andar para sustituirlo por el de Maizani. Uno de ellos dijo que Azucena era "más auténtica". Recién entonces, me cruzó la idea de la posibilidad de que no había nada sagrado y que hasta Carlitos no era invulnerable.

Pobre Azucena, la vi pocas veces y nunca pude hablar con ella como me hubiera gustado. Era "la Máxima". No había ninguna como ella. Giordano, que gustaba recordar milongas de la pègre[6], fue quien me contó que, allá en sus comienzos, en los malos lugares que frecuentaba, la llamaban "la hermosa Zaída".

Yo asistí a la inauguración de su departamento en el centro, al que estábamos invitados pero al que fui solo. Recuerdo que gran parte del mundo del tango se encontraba presente. Las habitaciones estaban colmadas y, sentado en un sillón, estaba Rubinstein, cantando su última composición, en voz baja, con todos esos gestos y muecas (entonces de moda) cuya génesis no termino de entender.

Era la inauguración del departamento y, a la vez, de la pareja que Azucena venía de formar con Colombres, ese muchacho de la sociedad que pretendía conversar el tango. Todo era alegría y los tórtolos tímidamente tenidos de la mano hacían los honores del lugar, todavía estábamos lejos de la extroversión que vino mucho más tarde.

Muy poco después, Colombres se suicidaba.

Poco a poco, mi capacidad de admiración ha ido disminuyendo, para convertirse quién sabe en qué; quizá por eso conviene que hable ahora de Carlitos y que no lo hiciera antes, cuando éste era un dios inapelable. Recién ahora me vengo a dar cuenta que esa admiración es la que nubla la vista, tapa los oídos, poniendo algo así como un practicable entre uno mismo y la realidad.

Cuando estuve en el elenco de Enrique De Rosas, éste me habló de Carlos, que lo había contratado para trabajar con él en los Estados Unidos.

A De Rosas yo lo interrogaba incansablemente. Para él, Gardel había sido sobre todo un gran amigo, muy simpático, pero cuyo arte, considerado entonces inferior, no lo había asombrado. Él me habló de lo sucedido en Barcelona, donde tenía gran éxito como actor dramático, tanto que Miguel de Unamuno había escrito una obra especialmente para él, *Todo un hombre*, que don Enrique estrenó en España y que le sirvió durante todas sus giras como caballito de batalla de su repertorio de alta comedia.

Me contó anécdotas de Gardel y me confió que iba a visitarlo a menudo, cuando ambos coincidían en alguna ciudad. Por ejemplo, don Enrique me dijo que, en una escena de *En un burro, tres baturros*, él debía ir hacia las bambalinas, recoger un balde que el traspunte le tenía preparado y que debía volver rápidamente a escena.

Según la anécdota relatada por De Rosas, Gardel utilizó de inodoro al balde y se lo entregó personalmente, en lugar del traspunte. De Rosas proseguía la anécdota hablando de sus propias impresiones con motivo de lo ocurrido, cuando se encontró en el medio del escenario con el balde colgado del brazo.

Me contó, asimismo, y eso lo corroboraba su hermano Ricardo, que en otro pasaje de un sainete, en uno de esos cuadros en el que salen todos a escena, se sientan a las mesas y hacen de parroquianos, Gardel, que estaba de visita en el teatro, salía a escena con un enorme bigotazo y hasta entablaba algún diálogo.

Cabe señalar, que en Montevideo -eso me lo contó más tarde Candeau-, en varias oportunidades, los actores locales actuaban en obras cuyo fin de fiesta corría a cargo de Gardel para asegurar la taquilla. Siempre había alguno, me dijo, que gritaba, desde el paraíso, que se iba llenando a medida que se acercaba el fin de la obra, "¡Que salga el Mago!", adelantando la actuación de Gardel. Hubo días, inclusive, en que la obra debió ser acortada ante la impaciencia del público.

Estas son cosas que me han contado, a través de los años, cuando iba creciendo el mito, dejando adivinar, sin embargo, al personaje debajo de los laureles.

Mais où sont les neiges d'antan[7]

Conocí muchos detractores y gente indiferente a quienes les gustaba confiar anécdotas, en las que Carlos podía ser uno de los personajes. Por ejemplo, la que contó la muy gitana Juanita Lamoneda, para quien ese chulo que había sido Carlos Gardel fue objeto del desprecio de una famosa belleza del momento, reina de los madriles, que pretendió enriquecer su colección sexual con el cancionista argentino.

Cuando la invitación le llegó a Gardel, éste le hizo decir que no tenía inconveniente, 300 duros de por medio. La dama, que ya había superado ese tipo de respuestas, contestó que estaba de acuerdo.

Juanita aseguraba que la cita se concretó y que los 300 duros de marras se encontraban sobre la mesita de luz; pero que, antes de consumarse el encuentro, la mujer se encaró con el cancionista argentino y le preguntó si la iba a joder así, sencillamente, porque por ese precio esperaba algo digno de las canciones de Bilitis.

Juanita me aseguró entre risotadas que Gardel se levantó sin decir una palabra, se vistió y se fue, *honteux comme un...*[8].

---

7. Pero dónde están las nevadas de antaño
8. Avergonzado como un...

Nunca me gustó esa anécdota, pero la recuerdo porque la vida sexual de Gardel, como la de cualquier otro personaje, provoca un interés extraño acerca de lo que realmente es el sexo.

Por ejemplo, le preguntaron sus amigos a Tita Merello si había tenido alguna vez algo que ver con Gardel y aquélla contestó sibilinamente que tenía mucho respeto por el Maestro como para tomarse ese atrevimiento.

Tita fue la misma a quien no supe explicar esa historia de la relatividad del amor que es la de la cucaracha a la que barren sobre la vereda y que ella había leído con una atención divertida.

Era sabido por todos que, entre tantas admiradoras como tenía Carlos, había una muy importante en Francia, conocida como la dueña de los cigarrillos Craven A. Era casada y propietaria de una gran villa en la Costa Azul, a la que invitaba asiduamente a Gardel.

La vieja, como la llamaban a mi alrededor, invitaba allí a personas famosas de la época. La foto de Gardel en la que aparece Chaplin, tomada en el interior de esa villa sigue siendo vedette cada vez que se ilustra algo alusivo. Además, ofrece una idea de la importancia que tenía Gardel en el jet set de entonces.

Le escuché decir a Pierotti que Gardel perdía el tiempo y, en lugar de trabajar, se pasaba los días en la casa de esa magnate.

Un día, el mismo Pierotti contaba que Gardel le pidió el favor de ir a la farmacia a comprar un afrodisíaco, para poder lidiar con la dama en cuestión. Pierotti recordaba que, avergonzado, le hizo la salvedad al dependiente de la farmacia, diciéndole que las cantáridas de marras no eran para él, sino para otro.

Entre las anécdotas sobre Gardel que me fueron contadas en

el café Sarmiento, al que frecuentaba en mis tiempos de actor, figura la que me refirió el Negro Marino, autor de *El Ciruja*, al hablar precisamente de ese tango, al que Gardel había modificado la letra y en lugar de cantar *"Era un mosaico diquero"*, entonaba, *"Era una paica papusa"*.

Recuerdo bien que Marino me dijo que "Gardel, que pobrecito era un analfabeto", le había cambiado la letra. Quedé pensativo cuando me lo comentó, y Marino debe haber interpretado mi seriedad como un reproche, ante esas palabras pronunciadas precisamente delante de la puerta chica que daba a la calle Libertad... Desde entonces, en mi mente, sigue flotando, para siempre, la pregunta: "¿Qué significa ser analfabeto?".

Los moribundos me cohíben
y la muerte me indigna,
nunca me gustó que me tocaran el culo

Precisamente, los detractores de Gardel pulularon durante su vida y siguieron insistiendo hasta que el mito los silenció. El tiempo los acalló definitivamente, aunque algunos retoños surjan aquí y allá de vez en cuando.

Su generosidad era conocida y nunca dejó dudas. A Gardel no le importaba, me dijo una vez Armando Defino, la marcha de los negocios, con tal de tener siempre dinero en el bolsillo.

Cuando Pascual Contursi llegó a París, venía herido por ese mal que hizo estragos en el siglo XIX y principios del XX, con el aumento de la promiscuidad. Las espiroquetas se le habían subido a la cabeza, como decían en el medio. Los síntomas más

---

9. Gran médico.

manifiestos en el poeta, eran el vestirse de verano, ponerse un rancho y pasear bajo la nieve por los *Champs Elysées*.

Lo vi una vez en su habitación del hotel, oportunidad en que le dijo atrocidades de mí a mi madre. Algo así como que me veía muy enfermo y que no viviría mucho. Demás está decir que mi madre lloró entonces como si lo dicho por Contursi fuera la opinión de un *grand patron*[9].

Poco después, lo internaron en el hospital y fue Gardel quien se encargó de pagar todos los gastos para devolverlo a Buenos Aires, donde murió poco después.

Nos obstinamos en permanecer entre los vivos /
con los que sólo nos relacionan los recuerdos /
y algunas veces el amor

Gardel acudió en ayuda de muchos de sus amigos que habían ido a la conquista del París de sus amores. El ser morocho y argentino no significaba ser el rey de París, pero muchos que lo eran tenían al Cachafaz, a Arolas y a Pizarro como hitos de esa vida nocturna que los fascinaba a través de los tangos.

Evidentemente, nosotros estábamos viviendo en ese mundo al que aspiraban muchos muchachos de barrio que se creían con pinta y muchas chicas a las que se quería asustar alejándolas de la música perversa. No era de extrañar, entonces, que el tango no fuera popular entre la gente *honnète*[10]. La bohemia ignara, con sus pocos aciertos y muchos yerros, lo estaba inventando todo; era una corte de los milagros de una época de opulencia vivida en un país exótico. Fueron muchos los que se quedaron varados. Gardel fue el paño de lágrimas de los mangueros. Ayudó a la mayoría y la minoría se quejó.

---

10. Honrada.

Pablo Suero también fue uno de los beneficiados. Gardel tuvo que pagarle el viaje de regreso a la Argentina, aunque el Gordo Suero era español. El Gordo que, cuando se emborrachaba, se peleaba con todos, era el mismo Gordo que creó el peyorativo "insecto vertical" para Armando Discépolo, uno de sus adversarios de turno.

Pero Gardel sabía enojarse cuando advertía la mala fe de alguien... ¡Y se enojaba mucho! Una vez recorrió todo París para encontrar a su guitarrista, el Negro Ricardo, que andaba diciendo por ahí, que Gardel era maricón.

Pierotti contaba que había ido a la casa del Negro Ricardo, que vivía con una francesa y que tenía en un rincón del dormitorio una vela prendida a la Virgen de Luján. Y le dijo, según afirmaba, que en el mismo lugar debió haber puesto la fotografía de Gardel, que tanto bien le había hecho.

Gardel tenía fama de ser el que mejor pagaba a sus guitarristas. Además les estrenaba sus composiciones. Y aunque en aquel tiempo no existía el pequeño derecho, constituía una fuente de ingresos respetable.

Fueron muchos los tangos estrenados en París, de autores desconocidos que se le arrimaban para pedirle apoyo. El mismo Pierotti afirmaba ser autor de uno de los tangos. Ese tango que escuché en un disco de prueba de Carlitos. La letra aludía a unos matones, macrós, *maquereaux*[11] o como putas los llaméis, que pegaban a una mujer en un callejón y en cuya defensa acude el héroe de la gesta, pagando con su vida su caballerosidad y arrojo de porteño.

Me llamó la atención lo que había grabado del otro lado del disco. Pierotti me explicó que Gardel grababa de un solo lado. Y

---

11. Rufián.

que entonces él, para distraer el ocio aprovechó para grabar del otro... Se puso a golpear sobre las teclas al azar y ése era el resultado de sus golpes distraídos.

Yo era chico y un poco más ingenuo que ahora.

Pocos años más tarde, al hacer escuchar el disco a mis amigos, Zufiaur saltó enfurecido y me dijo que esos golpes que yo creía ser dados al azar, eran en realidad producto de Debussy, era *La Muchacha de los Cabellos de Lino* que algún pianista que se encontraba presente había grabado.

En mi confusión barrunté que el tango también, por malo que fuese no debía ser producto de la inspiración de Pierotti. En realidad, esa producción era tan común, que hasta Barquinazo firmaba tangos que le habían escrito, por ejemplo, Manzi y Troilo.

A pesar del orgullo de cada uno, todo eso se parecía mucho a las edades pretéritas de autores anónimos. Los tangos se regalaban como muestra de aprecio. Y surgían, de aquí y allá, autores que nunca habían soñado serlo. En el fondo, había una gran modestia y no se confiaba en las posibilidades trascendentales de esas creaciones. Se creía entonces en la muerte definitiva de esas inspiraciones.

Esa mano rota para regalar composiciones también obraba al revés y compositores que merecen respeto no vacilaron en tomar prestadas melodías sin el menor disimulo. ¿Acaso no lo hicieron los españoles con Handel? ¿Por qué no hacerlo con Verdi y el Bach de las lecciones de piano?

Hay muchos estilos, cuyas letras eran de Lope y que firmaban, sin asco, los autores del momento.

Era el nacimiento de una expresión a la que sus primeros cultores y maestros no se animaban a tomar en serio. Aunque

---

12. Uno se pregunta a qué viene Palito en este asunto.

existe la anécdota de un Enrique, paseándose por el sanatorio y profiriendo, en voz alta: "¡Qué Beethoven, ni Beethoven!".

En cuanto a eso de la originalidad, habría que hablar un rato, como me dijo Palito Ortega, cuando lo fui a entrevistar con motivo de una acusación en su contra por, supuestamente, haber plagiado algo más de los compases permitidos ... *On se demande que vient faire ici Palito*[12]...

Todo eso ayuda a poner en duda, una vez más, la originalidad como elemento estético. Todo se renueva constantemente sin agregar nada que lo diferencie de lo anterior.

Lo que cambia son los matices, las palabras, las entonaciones. El artista es producto del artista, del artista...

Debieran llevar una marca para que nosotros, los que no sabemos, los que no vemos, podamos distinguirlos de entre los demás y saber que ellos son, que ellos están aquí para decirnos que hay algo más, que no estamos solos.

Siempre me ha preocupado saber en qué consiste lo excepcional de un artista. En qué consiste eso de ser familiar con el arte ¿Por qué, cuando Gardel cantaba algo, parecía fundamental? ¿Cómo funciona ese mecanismo mágico? Este planteo me lo alcanzó *La Cantante Calva*. Y fue entonces cuando me di cuenta de que el mundo está poblado de algunos seres excepcionales que, sin saberlo, son mensajeros de otra dimensión.

Me resulta evidente, ahora que la física reconoce valores absolutos, que la lógica nos alcanza la universalidad del pensamiento, que no estamos solos. Ahora, a la distancia, creo que, desde allá, nos seguirán enviando, no sé por qué, esos ángeles que cabalgan a nuestro lado como la muerte al lado del lansquenete. Porque llegará un momento en que la lengua de aves y de rosas a la que accedemos ahora, resultará incomprensible para las generaciones del porvenir, a las que, espero, se nutrirá con más mensajeros... No tendremos por qué confiar en la experiencia decepcionante que sólo cumple con darnos lo que promete... y nada más.

Recuerdo un sueño en el que un incansable pensador del misterio de la existencia, de pronto se levanta para apurar la solución dada por un insecto, a un problema cuyo planteo estaba tratando de enunciar.

Llega el momento en que la metafísica entra en la fase científica: dado el problema, se busca la solución. Los problemas científicos son superficiales porque atacan a la realidad. Pero, de pronto, el relojero que desarma un reloj se pregunta cuál es el problema cuya solución es el reloj, y descubre espantado que el reloj es, justamente, la solución a la mensurabilidad del tiempo.

Enrique de Rosas recordaba con risotadas el día en que, junto con Gardel y otros amigos, se encontraba sentado en el café al lado del Broadway, sala que Gardel inauguró. Era una de las primeras entradas de la calle Corrientes, entonces angosta.

Contó que su hijo Enrique pasaba por la vereda y que Gardel, a quien De Rosas le había confiado que su hijo había contraído purgaciones, le gritó a voz en cuello: "¡Pibe, cuidá la flauta que la serenata es larga!".

En realidad, el pibe en cuestión sufría de alucinaciones y, cuando iba al cine, arte que lo entusiasmaba hasta el punto de haber llegado a ser director, de pronto, lanzaba alaridos porque creía que todos los espectadores estaban muertos y que él, precisamente, era uno de ellos.

Son todas anécdotas que muestran un Gardel feliz y alegre. Pero su madre doña Berta que, luego de la muerte de Carlitos, había adoptado una actitud sufrida, cuando hablaba de él, decía que su mayor preocupación era que lo dejaran dormir, porque volvía a casa muy tarde y estaba siempre cansado.

Contaba doña Berta que su hijo desapareció de su lado cuando era muy chico y que un día, años después, lo vio en un estado lastimoso encaramado en el pescante de un carro. Recordaba que hasta las cejas habían desaparecido. Sospecho que también él había sido víctima de esa sífilis que causó tantos estragos e hizo de Lalo Bouhier, por ejemplo, que durante veinte años fue uno de los grandes galanes de la escena argentina, un pobre rasca que no podía pronunciar ni recordar los chupanis que le daban para subsistir.

Gardel siempre fue muy nochero y le gustaba la milonga.

Tuegols, que tenía su orquesta en el Tabarís, recordaba que Gardel era uno de los clientes acostumbrados. Allí fue donde le pidió que le hiciera un tango como "Mano a Mano". Y Tuegols lo satisfizo. Pero el tango que le hizo especialmente nunca tuvo el enorme éxito del de Celedonio Flores.

Y Gardel tuvo una novia. Por lo menos, eso era lo que ella decía. Según me confió Defino, era una chica con pretensiones de soprano y que Gardel protegía. Pero la chica se había hecho muy cargosa y Gardel hizo todo lo posible para sacársela de encima. La imaginación puede encargarse de llenar los huecos de la historia. La muerte intempestiva, proyectó a la muchacha señalándola del vano dedo, hasta convertirse en una anécdota en la curiosidad insaciable de quienes quieren desentrañar la personalidad que los apasiona.

Cuando Gardel llegó a España, reinaba allí, como amo y señor del tango, Pancho Spaventa. Un personaje pintoresco de la farándula porteña, hermano de Silvio Spaventa, que se había ido a España. Allí cantaba tangos con una voz muy chica, de *petit comité*, como decía mi mamá, que agradaba a los españoles interesados en lo exótico. A Gardel le costó una temporada desalojar de la mente del pueblo español a Spaventa, de quien, por otra parte, era muy amigo.

Recordaba Pancho que ambos eran contadores de chistes y que, cuando el barco todavía no había atracado, Spaventa, que se encontraba en el muelle esperando, ya le contaba el último a Carlitos, que también había renovado su colección.

Yo le oí contar uno de esos cuentos que, quizá, lo recuerdo porque fue uno de los que entendí. Carlos contó que de muy joven vivía en una pieza de un conventillo que compartía con otros amigos. Decía que todos los mediodías, los muchachos de la pieza bajaban al patio, donde daban las habitaciones, en una de las cuales trabajaba un remendón italiano. Se plantaban frente a él y se desperezaban exageradamente. Recordaba que el italiano se quedaba muy serio mirándolos, interrumpía su trabajo, sacudía lentamente la cabeza y profetizaba: "¡Si durase!", allí Gardel imitaba al cocoliche.

El relato agregaba que, muchos años después, en una de las ocasiones en que Gardel se dirigía a la radio, en su camino, vio en la calle a un viejo empujando un carrito. Carlitos lo reconoció inmediatamente y fue corriendo hasta él, se le plantó delante y se desperezó exageradamente. El italiano, lo miró y preguntó asombrado: "¿Cómo, dura todavía?".

Algo muy parecido le escuché contar varios años después a Enrique Muiño, infatigable relator, quien manifestó haber estado presente y ser uno de los muchachos que compartían el bulín del convento. Pero, según decían sus allegados, Muiño era muy mentiroso y todo lo que contaba debía ser tomado con pinzas.

Otro cuento que le escuché contar a Gardel, y que consigno aquí por su ilustre relator y no por sus valores intrínsecos, es el del hombre que se encuentra en el baño público, tratando de aliviarse, cuando escucha que, en el baño vecino, también ocupado por otro laborioso artesano, algo cae al agua, entonces el primero le dice al segundo: "Lo felicito, amigo". Y el otro le contesta quejoso que no lo felicite porque lo que cayó no era lo que él creía, sino el reloj de bolsillo con la   cadena que lo sujetaba.

Esta anécdota recuerda, asimismo, lo difundido que era en la época el estreñimiento, como lo era también el dolor de muelas no tan habituales actualmente, por lo que un sociólogo contemporáneo lo destaca como adelanto positivo de nuestra civilización.

> *¿Qué pasó con el rey Don Juan,*
> *Los infantes de Aragón y*
> *el gran Carlomagno, el de la barba florida?*

Son todas cosas que pertenecen al anecdotario y que lentamente van perdiendo actualidad, como ese arquero que dispara flechas desde un nivel que los años van hundiendo implacablemente hasta hacer que las flechas ya no alcancen el blanco.

Pronto habrá que poner una explicación a las letras de los tangos que interpretaba Gardel, y llegará el momento en que quedará relegado en el tiempo para unirse a los infantes de Aragón y al rey Don Juan.

Son muchos los que pronuncian las eses a la italiana, que ya no dejan resbalar las palabras, que desconocen términos lunfardos que hicieron época y para quienes Gardel deja de cobrar significado porque no lo comprenden y no lo sienten.

Gardel era un adepto a ese idioma que va de la mano acompañando al oficial. Le gustaba buscar antecedentes y mi viejo me contaba que, en esas épicas conversaciones con

Benavente, por ejemplo, Gardel se explayaba con respecto a la germanía que era la suya y que no difería tanto de la española... Benavente se exclamaba porque eran expresiones utilizadas en la España de entonces. Gardel quería que mi viejo estuviera presente para ayudarlo y sacarlo de un apuro intelectual, si se llegaba a presentar, echándole un capote. Pero, en realidad, el que se acomodaba era el mismo Benavente y ambos sostenían una conversación mano a mano en la que no había necesidad de intervenciones sofisticadas.

Cuántos hay que como...

Otra de las oportunidades en que mi viejo tuvo que acompañar a Gardel fue en una entrevista que éste tuvo con Colette. Sólo sé que existió el hecho, pero nunca supe nada de si dio lugar a otra sucesión de entrevistas.

Ahora me gustaría saberlo. Pero nunca lo sabré, porque yo nunca abordé determinados temas con Papito y fueron muy pocas las oportunidades en que entablamos algún diálogo. Más bien fueron expresiones de él que yo recogía como decía Tuñón, en el hueco de las manos, para atesorarlas sin llegar a analizarlas, como una oración.

Por otra parte, sabida es la importancia que Gardel o Alippi le daban a la denominada cultura, la que todavía no hacía que nadie acudiera a la culata del revólver cuando la oían mentar.

No fue solamente Benavente el interesado por Gardel, también Montherlant, el estilista cuyo lenguaje fue comparado al de Racine y que Victoria Ocampo cortejaba, quiso conocerlo.

Gardel se convirtió en uno de los leones de París y recordaba Sablon haberlo visto actuar en el Salón Wagram, lugar donde también actuó la gran orquesta que tenía por *crooner* a Bing Crosby. Este, según relataron tiempo después, dijo que le gustaba oír cantar a ese pintoresco cowboy argentino, porque era un hombre que cantaba *"from the roots of his balls"*.

Evidentemente, Gardel tenía una voz privilegiada y el italiano del Conte Verde que lo escuchaba cantar canzonettas, no andaba muy errado cuando le aconsejó dedicarse a la interpretación lírica; pero Gardel se mostraba incrédulo.

Pronto será necesario establecer un vademécum especial para comprender la parla fulera de la que se nutrían los letristas de tango, alentados por el concepto de la importancia de la inspiración, en desmedro de cualquier conocimiento académico.

Palabras que Luis María, algunas veces, traducía para sus amigos intelectuales e ignaros diciéndoles: "Y muchas otras cosas más, que irán aprendiendo y de las que yo poco a poco, me iré olvidando". Luis María, que se admiraba de ese gato maula que juega con el mísero ratón.

Empecé a considerar sagrado
mi desorden espiritual

Gardel era de una vanidad increíble, pero soportable, según Quartucci, agregando que era la única persona a la que se le podía tolerar hablar de sí mismo. Puede ser que sea cierto, aunque a mi edad eran sutilezas que no podía apreciar. Pero es verdad que le escuché recomendar que lo escucharan cantar un determinado tango. En una foto que le mandó a Papito desde los Estados Unidos, decía en la dedicatoria: "Allí me fajo el gran tango 'Golondrinas'".

El regalo favorito a sus amistades, era una victrola y un florilegio de sus discos más recientes. Armando Defino, señalaba que Gardel era lo que se llama un perfeccionista. Que escuchaba sus discos y buscaba perfeccionarlos. Cuando ya volvía de su última gira manifestó su decisión de volver a grabar todo su repertorio, para darles una versión definitiva. Evidentemente, Gardel tenía el convencimiento de ser Carlos Gardel. El Gardel de los últimos tiempos no tenía nada que ver con el anterior. Tan es así que Piazzola me dijo que a él no le gustaba el Gardel de antes de las películas; que él prefería al de "El día que me quieras" y "Volver". Sin duda, Piazzolla quedó agarrado por esas sonoridades incorporadas a "El Día que me quieras", tomadas indudablemente de un Debussy joven, empeñado en incorporar las correspondencias encontradas en el bosque lleno de símbolos, que contemplan al hombre que lo atraviesa.

Hubiera sido interesante tener alguna nueva grabación de sus interpretaciones anteriores, poco antes de Medellín.

Cuando uno cuenta sus recuerdos debiera poder hacerlo sin acotaciones explicativas. Muchas veces ocurre que algo gracioso para los demás no lo sea para uno mismo. Sobre todo, si se trata de alguna broma.

A Gardel le gustaba hacer bromas. La mayoría me fueron contadas por quienes fueron objeto de ellas o de los que tuvieron alguna participación en las mismas.

Y cuántos son quienes...

Cuando, con Murray, quise hacer un argumento cinematográfico sobre la vida de Gardel, entrevistamos a varios de quienes tuvieron trato profesional con él, como Firpo, Canaro, Tuegols. En general, hablaron con mucho respeto acatando el mito. El único que no lo hizo fue el maestro Roberto Firpo, quien hacía hincapié en el hecho de haber sido él mismo un "señor". Y contaba con su amaneramiento característico y el énfasis que ponía en sus palabras, que allá en el Armenonville, donde campeaba como director de orquesta, se presentaron un día Gardel y Razzano. Firpo apeló al calificativo de atorrantes para describirlos por la forma en que estaban vestidos y por la manera desenfadada de comportarse, sin tener en cuenta que estaban frente al maestro vestido de smoking y luciendo quevedos.

Contó que Gardel era un desmelenado al que aclamaba la muchachada de niños bien que concurría al lugar y que allí se quedaba una vez cerradas las puertas para escuchar a Gardel cantar "cosas chanchas", como dijo el maestro. Entre otras cosas, parece que a pesar de su amaneramiento Firpo era de armas llevar y que tuvo entreveros con Roccatagliatta, entre otros.

Algo debe de haber ocurrido entre Gardel y don Roberto, porque Gardel no parece haber sido un admirador de las obras del autor de "La Cachetada".

Contaba Pierotti que Gardel lo hizo objeto de bromas a poco de conocerlo. Él, que había sido representante de Lola Membrives, gozaba de prestigio en su profesión. Gardel quiso atraerlo y lo logró. Pierotti viajó desde Buenos Aires a París para ponerse a trabajar juntos.

El mismo día en que se encontraron por primera vez, Gardel se mostró muy simpático, pero le confesó que tenía miedo de dormir solo. Era una fobia que, según él, le dijo y le pidió que compartiera su habitación del hotel. Le aseguró que no lo iba a molestar, porque sus horarios no coincidían, ya que a Gardel le gustaba trasnochar y Pierotti era un hombre metódico que se acostaba temprano.

La primera noche, Gardel se despidió y Pierotti se desvistió y se acostó. Dice que estaba profundamente dormido cuando un

---

13. Se da por sobrentendido.

ruido lo sobresaltó, era Gardel que había vuelto y no lo dejaba dormir con sus ruidos y chistes de mal gusto. Estas bromas fueron casi la ruptura entre los dos de una amistad no iniciada; pero Gardel hizo todo lo posible por hacerse perdonar y logró, con el tiempo, ganarse la amistad de Luis, quien dejó de compartir la habitación, *ca va sans dire*[13].

También está la anécdota suculenta para los amantes de la *petite* política argentina de don Marcelo Torcuato de Alvear, durante su *séjour* en París. El futuro presidente, cuando se encontraba de buen humor, solía recomendar a su mucamo de confianza: "Che, gallego, atajate éste". Un cierto día, el mentado gallego le replicó a boca de jarro con otra sonoridad del mismo tenor diciéndole: "Acá lo tengo, señor". Esta anécdota la relataba, entre carcajadas, el mismo jurisconsulto.

Otra de las bromas de Carlos Gardel, de las que no se libraba ninguno de los que lo visitaban, era informar que había adquirido un nuevo perfume que quería hacer oler a la visita. Pero el dedo que había introducido en el frasco, no era el mismo que le pasaba por la nariz al involuntario catador. De más está decir que el dedo de marras lo había previamente pasado por el lugar que todos imaginan.

Gardel era un narrador infatigable de chistes y, para hacerlo, acudía a todas sus dotes de imitador. Hacía la machietta del italiano, gallego y cuantos otros se le ocurrían. Esa copiosa fuente se interrumpía de pronto para convertirse en otra fuente, también inagotable, de interpretaciones cantadas.

Pongo las cosas tal cual las recibí. Vacío el cajón. No pongo ni quito rey. Y antes que los achaques me escondan los recuerdos, los sigo volcando al compás, tal cual se me aparecen con la precisión y verosimilitud que yo mismo les acuerdo.

Mucha de la gente que conocí acusó a Gardel de guarango. Como esa Pocha, la gorda tucumana con un hijito rubio, que recordaba haberlo visto actuar en provincias y a quien el Mago le hizo una impresión desastrosa.

Un característico me contó una vez que estando en la radio con Raquel Notar, se presentó Gardel y que la Notar, al verlo, lo felicitó efusivamente preguntándole cómo hacía para tener el cutis tan fresco. Gardel le contestó sin titubeos y a boca de jarro: "¡Fomento de nalga, señora!".

Las anécdotas que voy hilando sin concierto y sin orden preconcebido me llevan de un lado a otro. Defino recordaba que Gardel, tan aficionado a las carreras, ideó un día, tal como muchos otros lo hicieron antes y muchos lo harán después, jugar a los caballos favoritos *a placé.*

En su época, no existían en las apuestas otros matices importados. También a Gardel el cálculo de las probabilidades lo engañó. Es otra anécdota que recogí sin pensar entonces en Gardel, sino que permanece como un misterio más de ese cálculo que hace engañoso todo pronóstico. En ese caso, Gardel es solo un accidente y el mismo Leguisamo recordaba haber hecho una banca con Gardel para jugar a los caballos que él mismo elegía. Una banca que se agotó a mediados de temporada.

Cuando yo llegaba del liceo, los días de salida, me quedaba en la salita donde dormía y donde estaba la victrola y tocaba los discos que nos había regalado Gardel, mientras mis padres dormían. Se levantaban tarde y salían por la noche. Yo jugaba solo y escuchaba cantar en un idioma que se me iba desdibujando, hablarme de cosas casi ininteligibles.

Ahora, a la distancia, recuerdo la obsolencia de la técnica que dejaba librada a mi interpretación las letras de las canciones. En el Nacional yo insistía con que Gardel se despedía de los muchachos, diciendo "galope" y Vaccaro y Solari me corregían incansablemente: "¡Salute!".

Y sigo preguntándome ¿si las letras no significan nada y la música no tiene importancia, por qué vale tanto el artista? Es lo mismo que la pregunta ¿De dónde sacó ese *"Qu'il mourut"*?

No pongo nombres ni apellidos porque escribo un poco para mí. No se trata de claves. Al que le interese la figura, que lea dejando de lado lo que la información no le ha aclarado. No tiene mucha importancia. Al que le interese la complejidad, que se preocupe. Yo no soy *naides*, pero doy por entendido lo que todo iniciado debe saber.

La vida de Gardel en París tuvo una serie de sobresaltos. Desde las profundidades de su vida anterior, de esa en que andaba frecuentando toda clase de gente, cuando todavía iba arrastrando su arte de comité en bailongos, sin que le bastara para darle de comer, surgieron muchas relaciones, algunas poco recomendables y las otras no tanto. La mayor parte eran muchachos que se valían de lo único que tenían para salir del ambiente en que estaban, tratando de forzarle la mano a la pobreza. De esa época, le quedaron muchos amigos y conocidos. Muchos de los cuales siguió cultivando y muchos otros que trató de dejar atrás.

Precisamente, unos cuantos de éstos, representantes de la picaresca porteña, fueron los que le hicieron hacer mala sangre. Habían llegado a Francia y se habían presentado en el casino de Montecarlo donde aportaron una innovación. Mediante unos anteojos polarizados y no sé qué otra matufia, podían ver las cartas que iban a salir y así lograron ganar al Chemin de Fer y al Baccarat.

No conozco los pormenores pero, por lo que pude pescar, supe que estos malandras fueron desbaratados. Se decía que era la banda del Pibe Romero, que era quien había frecuentado a Gardel en otros tiempos de menor evocación.

El pibe Romero estaba empecinado en lograr que Gardel le

sirviera de gancho para organizar partidas.

Gardel estaba preocupado y con razón. Felizmente para él, la banda tuvo entredichos internos. Hubo balazos en el Café de Madrid, cuyas crónicas dieron una fama precaria a los pistoleros argentinos de quienes los especialistas, en *chiens écrasés*, alabaron la puntería. Varios pagaron sus *écots* y el único que quedó fue a dar a la Guayana. Como dato curioso para la época, se afirma que lo dejaron en libertad porque su mantenimiento era demasiado caro. Así lo relató el pintoresco pequero que frecuentaba Crítica, donde se entretenía perdiendo a la Loba y que se hacía llamar "El Ingeniero".

No conozco el fin de la historia. El ingeniero de marras que lo frecuentó dijo que aquél buscó inmediatamente hundirse en un anonimato bien ganado.

Hubo otro caso curioso en la vida de Gardel: el de un Ricardo Bonapelch. Este era un hombre que admiraba a Gardel a quien copiaba en todo. Vestía de la misma manera, imitaba los gestos y hasta grabó tangos de los que Adela me hizo escuchar algunos. Era el prototipo del imitador sin ningún talento. Pero había logrado llegar hasta Gardel y en alguna oportunidad, al acaso, posaron juntos para una foto. Bonapelch era un hombre de fortuna, unido por matrimonio a alguna familia relacionada con el Palacio Salvo de Montevideo. Pero Bonapelch no era Gardel y tuvo un desastroso final, luego de un homicidio del que fue el autor.

Tampoco supe más nada del individuo, cuya tara era la de querer parecerse a Gardel. Como me decía Alberto, ésa era su tara. Porque, para Alberto, todos tenemos una tara. La dificultad consiste en encontrarla.

Mariano, a quien había llevado al cine Broadway para el estreno de la película "El día que me quieras", contagiado por mi entusiasmo, se preguntaba cómo iba a ser posible la perdurabilidad del arte de Gardel. Yo no sabía qué contestarle. Hablaba de la técnica y de la posibilidad de ir logrando nuevos métodos para conservar para siempre el tesoro inestimable. Para Mariano, que era un artista, el arte era eterno y la eternidad no cuadraba con la técnica de los *happening*.

En una de las tantas charlas que tuve con Eichelbaum, de entusiasmo nunca desmentido, osé afirmar tímidamente que tenía mucho valor el arte de Carlos Gardel. Me miró sonriendo y lanzó esa carcajada dolorosa que le era característica, como lo era el esconder los índices y los pulgares en los bolsillos del chaleco, dando el visto bueno a mi valoración con un expletivo "¡Carajo!" sonoro y admirativo.

Un 25 de Mayo de los que pasó Gardel en París, los Pizarro organizaron una fiesta en la casa de alguno de ellos. Gardel estuvo presente y Domingo, al que Gardel había apodado garganta de lata, tomó la guitarra y, como fin de fiesta, ofreció una personal interpretación de "El Sol del Veinticinco", del mismo Gardel.

Pero, antes de comenzar, previno a la audiencia diciendo que él no era como algunos que necesitan tener la letra ante la vista, refiriéndose precisamente a Carlitos. Desgraciadamente, durante su interpretación, en la que puso mucho fervor, cometió el error de decir: "A traerte los Andes, cruzaron laureles...", lo que provocó la inagotable alegría del bienaventurado dios que lo estaba escuchando.

Como en el teatro griego antiguo, cuando los grandes poetas se desvanecieron se iniciaron las construcciones de los edificios suntuosos. Así ocurrió con la muerte de Gardel. Cuando se produjo su alejamiento definitivo, comenzaron a surgir las grandes orquestas.

El cantor ya había pasado y era definitivo. Esquilo, Sófocles y Eurípides ya se habían ido y las parturientas no abortaron más en esos tremendos anfiteatros nuevos.

Le monde qu'il a laissé et qui l'a laissé

La última vez que vi a Gardel fue en el restaurante al que invitó a mi padre, quien me llevó a la cita. No sé el nombre del lugar ni mi padre está para recordármelo.

Algo me intrigó cuando lo vi. Era su barba crecida. Me llamó la atención porque lo besé al llegar y al irme.

Lo comenté con Papito, y, al hacerlo, él agregó algo más que me quedó grabado misteriosamente porque era la reflexión de un adulto acerca de algo que, hasta el momento, carecía de significado para mí.

Me hizo notar que a Gardel se le caía la parte de los cachetes. Reconocí el hecho y mi imaginación se dirigió inmediatamente a ese fenómeno absurdo que hacía que los cachetes se cayeran.

Decidí entonces reconocer y aceptar que el tiempo hace que esa vestimenta de carne vaya perdiendo elasticidad.

Poco después, presté más atención al detalle y supe que se hacían intervenciones quirúrgicas para corregir *les outrages du temps* estirando la piel, cosiéndola detrás de las orejas.

Por esos tiempos, se decía que Gardel se había sometido más tarde a esa operación correctora de la naturaleza para trabajar en el cine. Eso me provocó una sensación amarga que sigo sin explicarme todavía.

> *Sólo un instante,*
> *cada vez más breve,*
> *me separa del infinito*

El "*Grand Maurice*" le cantó en "*Ma Régulière*" a la mujer "*qui a fait les faubourgs de tout Buenos Ayres*"[14] y el entonces celebrado periodista Albert Londres hizo el camino de Buenos Aires para conocer el mercado de la prostitución más famoso del mundo, donde los cafishos vernáculos de caras entalcadas eran unos sentimentales enamorados de sus minas.

En el tango, llora a la mina que se muda a otro bulín donde hay otro bacán como él. Era una época en que los muchachos del elemento soñaban con tener mujeres que los mantuvieran. Estaban los que lo lograban y, mucho más atrás, el tropel de los otros a quienes se denominaban los aspirantes. El calificar a alguno de aspirante era un insulto que circulaba mucho en las milongas de antaño.

La vida pérfidamente me fue inculcando su pedagogía en clandestinos con olor a permanganato donde la rubia Beti preguntaba pensativa: "*¿Vos crées que las mujeres de la vida no podemos querer?*".

En *Crítica*, "la nueva", como le decían los veteranos de la vieja Crítica de la calle Sarmiento, estaba Alfredo Bigeschi, el autor de la letra de "Tango Argentino", pero no hablaba de Carlitos, hablaba de fútbol, que era su pasión. Trabajaba en Deportes y, cuando dejaba de escribir, volvía a prender otro cigarrillo y seguía hablando de fútbol. Nunca lo enganché para hablar de Gardel, por lo menos, de alguna manera que me hiciera recordar que dijo algo.

Además del de Freud nos quedan todavía muchos cadáveres por enterrar

Naturalmente, a esa altura, yo no tomaba apuntes. Los tomé

---

14. Que trabajó los suburbios de todo Buenos Aires.

después para recordar las notas que me daban. Pero nunca consideré necesario para actividades más profundas imponer a la memoria datos que a ésta parecían no interesarle.

Por su parte, la memoria misma me sorprende de vez en cuando, con un recuerdo determinado que debe haber desempeñado alguna vez algún papel importante, pero al que he desechado y que vuelve a frecuentarme como reproche a mi ingratitud.

> *Que le Diable l'emporte*
> *avec celui qui la colporte*
> *la nouvelle qui vient ici butter ma porte* [15]

Una tarde trajeado con toda la ingenuidad de la adolescencia, volví a casa y la gallega Pura me dio la noticia. La anunció con una sonrisa ambigua; la misma mueca que debió haber ostentado la Sibila.

Hacía poco me había quedado solo para escucharlo cantar desde Nueva York, con el acompañamiento de guitarras desde Buenos Aires. Un prodigio técnico del que Gardel debía ser el corolario.

No había radio con sonido en relieve y yo había sintonizado las dos radios que teníamos en casa, en la misma estación. La sensación técnica imponía su misterio. El sonido venía repleto de ruidos misteriosos que parecían provenir del infinito. La mágica voz se alejaba y volvía.

Fue entonces cuando comprendí en ese mundo de la juventud que era el nuestro que él también estaba signado, que

---

15. Que el Diablo se lleve a quien la lleva, la noticia que viene aquí a derribar mi puerta...(Verlaine)

había dejado de pertenecer a nuestra noche. Mi papá, mi mamá y yo nunca nos íbamos a morir. Desgraciadamente, llegó el momento de Mamita y me puse a llorar. Mi papá se fue después y yo ya estoy empezando a creer que a mí también me va a tocar.

> *Je me suis laisé dire que vous étiez né a Toulouse*
> *que vos parents étaient francais.*
> *Quoi, vous argentin!*
> *Allons donc, vous êtes universel!*[16]

Y todo eso se había terminado. Todos los días me quedaba prendido de la radio para escuchar la transmisión de los cancionistas de tango. Gardel era al primero que se escuchaba y a veces era también el que cerraba la hora. Eran discos anteriores a su gira. Pero de vez en cuando, se pasaba algún disco actual. En aquella época estaba prohibida la reproducción radial. Sólo se pasaban los discos de propaganda y entre éstos venían incluidos los de las películas que, según me dijo Piazzolla en una larga entrevista, eran las únicas interpretaciones de Gardel que le interesaban.

> *L'homme c'est bête et c'est méchant*[17]

Los hombres de negocios que rodeaban a Gardel se quejaban de su desidia.

Yo le he escuchado decir a Armando que, cuando Carlitos regresó de una de sus giras, declaró satisfecho que iba a poder descansar durante un buen tiempo. Entre paréntesis, ése era

---

16. Yo escuché que usted había nacido en Toulouse, que sus padres eran franceses. ¡Cómo usted, argentino! ¡Vamos, usted es universal!

17. El hombre es tonto y es malo.

uno de los temas preferidos del Maestro. Siempre recordaba a sus amigos que había llegado el momento de colgar la guitarra. En una carta que le mandó a mi viejo desde los Estados Unidos, decía que estaba haciendo paco, para retirarse.

Según Defino, en una oportunidad, le mostró las cuentas y los gastos que había hecho Razzano. Y Gardel tuvo que seguir trabajando para pagar las enormes deudas que había dejado el ex integrante del dúo, para poder seguir haciendo la vida que hacía. Porque a Gardel le encantaba la noche y esa alegría a la que los tangos califican de triste.

Pierotti contaba que Gardel era un muchacho feliz si podía tener varios billetes en el bolsillo, frecuentar a sus amigos, cantar y contar cuentos. Según los que lo conocieron, su profundidad no pasaba de allí.

Esa superficialidad fue la que copiaban los que fueron sus admiradores contemporáneos y posteriores. Todos ellos viven la noche, cuentan cuentos y cantan.

Estamos siempre a la espera de la revelación a la que deberemos interpretar. Es una revelación que nunca llega y que muchos creen haber tenido. Pero que exista o no carece de importancia.

La revelación, en sí, no importa; lo que vale es la interpretación que cada uno de nosotros le damos. Porque todos creemos saber de qué se trata. Todos poseemos algo de la verdad transcendente. Una verdad que se contradice a cada instante.

Pero Gardel era el aedo que nos hace tapar la cara cuando relata alguna de esas historias chabacanas de las que está salpicada la vida y que nos hacen llorar.

Gardel es uno de esos monstruos que tapan el camino... como

Kurt Weill, Richard Wagner.

> *Leí sin aprensión tantos versos*
> *que envenenan mi vejez.*
> *Son diáfanos, pero incomprensibles para mí.*
> *Me miro al espejo*
> *y me muestra un yo que no soy yo.*

El hecho de haber quedado signado por Gardel me hace temer parecerme a ese director de orquesta francés, casado con Madeleine Ozeray a quien ésta le decía sometida, que era muy parecido a Alfred de Musset y aquél contestaba convencido: "*Mais, je suis Musset*"[18].

Gardel, como todos los amigos de Papito, le mandaba gente a París, para que los encaminara por la gran ciudad a la que mi viejo amó siempre. Uno de esos recomendados fue Leguisamo, que brillaba en una constelación semejante a la de Gardel. El monstruo al que se pretendió recargar con un kilo más, tanta era su maestría.

Y, naturalmente, fuimos al hipódromo de Chantilly, porque a mí también me llevaron. Fue la primera vez que pisé un hipódromo y nada menos que con Leguisamo. El maestro estaba vestido impecablemente. Era un hombre de pocas palabras. Él fue el encargado de elegir a los caballos que le parecían ganadores cuando los observaba en el paseo. No es de extrañar que no acertara ninguna; porque ésa es precisamente la magia de las carreras que se dieron el lujo de impedirle acertar al mismo Legui.

Allí estuvimos con Mingo y Gabriel Torterolo que cuidaban

---

18. Pero si yo soy Musset.

en Francia.

Con Leguisamo, mi viejo mantuvo una amistad que me permitió ser personalmente invitado a pasar una temporada en la casa de Martínez, manejada por la pródiga Gringa de ojos inmensos, pelo negro y piel muy blanca. La Gringa, que se quedaba acostada escuchando novelones radiotelefónicos y comiendo bombones esperando el retomo del Pulpo.

Y muchas más cosas que se me aparecen veladamente, pero de las que ya no me atrevo a hablar. Cosas que flotan y que no sé si son pensadas, soñadas, escuchadas o vividas. Seguramente, son. Pero no alcanzo a fijarlas, como cuando se cierra los ojos y la imagen adivinada va desfilando lentamente sin llegar nunca a definirse.

GLOSARIO DE RECUERDOS

Calle Corrientes

La calle Corrientes aparece en numerosos tangos, dando una pista de lo importante que era para los tangueros en un momento. Si bien es cierto que el tango nace en el quilombo barrial, a medida que se populariza llega a los cabaret y teatros de la calle Corrientes. Carlos Gardel participó del estreno del cine-teatro Broadway y era habitual que se reuniera en los bares de la emblemática calle con gente del ambiente del teatro. Más adelante, en Corrientes, debutaron varias figuras históricas. Quizás, el hecho de que el tango tuvo que compartir esa calle con otros espectáculos y, finalmente, con otros rubros, hizo que esta verdad histórica se diluyera. Hoy, la calle Corrientes está asociada con las librerías, los teatros y las pizzerías. El pasado tanguero sólo está presente en el nombre de la llamada "esquina tanguera" (Corrientes y Esmeralda) y las varias placas relacionadas con el tango que ha colocado la Asociación de Amigos de esa calle. Hay que buscarlas, pero están.

Por esos años, entre Esmeralda y Callao, estaban los teatros, los cabaret y los bares. Entre los teatros, estaba el Apolo, el Ópera, el Teatro Cine Broadway, el Teatro Cómico, con el Teatro Smart enfrente, y el Teatro Casino. Siempre hubo teatros, antes y después de la avenida 9 de Julio.

Entre los bares el favorito de mi padre era La Terraza, en Corrientes y Paraná. Ahí se juntaban todos los intelectuales. Yo no lo conocí, fue antes de mi tiempo. Luego, iba mucho al Café Los Tribunales, en la esquina de Uruguay y Corrientes. El Bar El Seminario estaba enfrente. Cerca había una famosa heladería, El Vesuvio. La primera lechería tipo americana se llamaba la Florencia. ¿Quién ser acordará de eso hoy? Había muchas pizzerías, pero ahí se comía mucho faina y fugazza.

Los libros usados estaban por la calle Sarmiento. Al principio, vendían libros "robados", en una época en que los libros eran carísimos.

El traslado de las librerías a la calle Corrientes fue mucho después. También, hay que recordar que algunas calles que cruzaban Corrientes, como Uruguay y Esmeralda, eran importantes para la vida nocturna y el tango.

Los cabaret

En esa época, un "cabaret" era un lugar de baile, que tenía una orquesta. El cabaret era pretendidamente decente y muy lujoso. Había que tener mucho dinero para ir a un cabaret. En los cabaret, había chicas que se llamaban "entrenadoras" (del *"entraineuse"* francés) y estaban ahí para bailar con los hombres que no tenían pareja de baile. Si uno quería algo más, siempre era posible pero iba a salir muy caro.

Por Corrientes estaban los cabarets Chantecler, Tibidabo, Ombú, y El Bambú, sobre Esmeralda. El Tabaris era uno de los más lujosos.

En París, un centro de la escena argentina era el cabaret El Garrón, cuyo dueño era Manuel Pizzaro. Pizzaro era argentino y tenía una de las más conocidas orquestas de tango. Gardel visitó bastante este cabaret, aunque su debut fue en el cabaret "Florida".

Edmundo Guibourg

Mi abuelo era tallista, una especialidad dentro de la carpintería. Era uno de esos inmigrantes franceses que se rompían para que sus hijos estudiaran. Mi padre, Edmundo Guibourg, era uno de seis hermanos, cuatro varones y dos mujeres. Todos estudiaron algo. Mi padre fue periodista, escritor y dramaturgo, y todos mis tíos fueron profesores o participaron de las artes.

En 1912, mi padre empezó a escribir en el periódico *La Vanguardia*. Incluso llegó a ser secretario de Juan B. Justo. Era de esa generación de argentinos que quería que la Argentina fuese un gran país con sus propios escritores, sus propias ideas. Amigo de Botana, empezó a hacer notas de opinión sobre teatro en el diario *Crítica*. Ahí se hizo famoso. Escribía desde la cama, y uno de ordenanza venía del diario hasta la casa a buscar todas las hojas escritas.

Más adelante, cuando Roberto Noble iba a formar un diario nuevo, trató de conseguir talento en *Crítica* y le ofreció un puesto en lo que sería el diario *Clarín*.

En Buenos Aires, se movía en tres ambientes: el teatro, el tango y el turf. Y a Gardel siempre le gustó el teatro, especialmente, su entorno. Entonces, por ese lado se afianzó la relación.

Mi padre siempre fue considerado uno de los amigos más cercanos a Gardel y un conocedor del Gardel joven de la época del Abasto. En eso se diferenciaba de otros amigos importantes que, sin embargo, sólo conocían al Gardel cantante. Durante toda su vida, los periodistas y escritores gardelianos siempre trataban de consultarlo sobre la vida privada de Gardel. Él no tomaba muy en serio estas preguntas y contestaba en consecuencia.

El problema es que, para mi padre, Gardel fue sencillamente un gran amigo que cantaba bien. Al igual que los demás, no pudo ver que Gardel se iba a convertir en este ídolo internacional. Además, debemos recordar que mi padre fue amigo de mucha gente famosa. Entonces, la fama de Gardel no lo deslumbraba. Recordemos que fue amigo de Alvear, de

García Lorca, de Borges.

Su vida está bien documentada.

Donde se juntaban los muchachos

Hay mucha confusión en todo esto. No puedo hablar del Gardel de los primeros años, porque no lo conocía. El Gardel cantante profesional, el famoso, cuando estaba en Buenos Aires, se movía por todo el centro. El centro para él, en esos días, era la Avenida Corrientes, Talcahuano, Libertad y Uruguay. En esos días, los "tipos de la milonga", como se decía, no pasaban de la Avenida Callao. Ahí terminaba Buenos Aires para ellos. Más arriba era zona residencial, allí se juntaba otro tipo de personas.

A Gardel le gustaba mucho el ambiente del teatro. Es por eso que, muchas veces, se lo veía por la Avenida Corrientes. Se juntaba en sus bares con mi viejo, Manuel Romero y Mattos Rodríguez. La gente del teatro, de vez en cuando, escribía una letra y eso era lo que le interesaba a Gardel. Venía con una melodía, buscando que alguien lo ayude o que alguien le ofreciera un tango ya compuesto para grabar. Así que las reuniones en los bares con los amigos del teatro pueden ser vistas como "reuniones de trabajo" con gente del ambiente artístico porteño.

Los amigos de Gardel

Gardel tenía "grandes amigos" por todas partes. Hizo un culto de la amistad, y debe ser una de las personas que más amigos tuvo en la historia. ¿Cómo se entiende todo esto?

Gardel siempre estaba de buen humor y trataba bien a todos los que se acercaban. Si le pedían algo, trataba de ayudar. Pero quien lo ha visto ensayar horas y horas con sus guitarristas sabe que Gardel tomaba su profesión mucho más en serio de lo que se piensa.

Con sus relaciones sociales trataba de avanzar en su carrera. Por ejemplo, el regalo clásico de Gardel a sus amigos era una victrola nueva con sus últimos discos adentro. Generoso, sí, pero también buscaba promocionarse. Entonces, si uno analiza de cerca los casos de estos cientos de personas que se consideraron "amigos", la gran mayoría parece formar parte de esta estrategia promocional cuyo objetivo era potenciar la imagen de Gardel.

Desde el punto de vista cualitativo, los que se acercaban eran en general todos chupamedias y mangueros. No era un buen ambiente. Siempre le estaban pidiendo algo, especialmente, dinero. Y si Gardel tenía algo en el bolsillo, iba y se los daba. Todas las fuentes coinciden en que era un tipo muy generoso.

Gardel se movía en diversos ambientes. Siempre le encantó el ambiente del teatro, desde chico quiso ser actor. Entonces, en ese ambiente, tenía muchos amigos. Entre ellos, mi viejo y Matto Rodriguez. Era con sus "amigos del teatro" con quienes se juntaba en la Calle Corrientes y armaba, en general, reuniones de trabajo, donde se la pasaba hablando de proyectos, de canciones nuevas para cantar. Siempre estaba buscando alguien que le ayudara con alguna letra, ya que la gente del teatro a veces escribía algo.

Después, estaban los amigos del turf que eran muchísimos. Cuando tenían una fiesta en los studs, lo invitaban a cantar. Tenía algunos amigos vinculados al boxeo y al fútbol. Es cierto, era amigo de alguna gente del Racing Club. Finalmente, en Francia y Estados Unidos, se hace amigo de mucha gente vinculada al cine, que fue su pasión a partir de 1930. Gente como Vicente Padula, Mona Maris, Charles Chaplin... En fin, todas estas personas podían decir que Gardel era un buen amigo. Les hizo regalos, les mandaba fotos y, en algunos casos, hasta les conseguía trabajo. Pero, ¿realmente eran amigos?

Había una pequeña categoría de "amigos" que Gardel buscaba. Serían los amigos más cercanos. Pero, aquí, tampoco hay que ser ingenuo. Eran las personas que le solucionaban los problemas más delicados o importantes.

Mi viejo, por ejemplo, le venía bien porque escribía, tenía muchos contactos y era un periodista importante. Era una persona seria y, a Gardel, le costaba encontrar gente así en el ambiente del tango. Entonces, era de confianza. Por cierto que tenían muchas cosas en común, pero un dato clave para entender esa relación son los contactos en el ambiente artístico.

Armando Defino entra en la historia como un gran amigo de Gardel y hasta "un hermano". Muchas de las cartas escritas en Nueva York iban dirigidas a él. Ciertamente, compartían muchas cosas.

Pero lo concreto era que Defino era muy leal y podía hacer mucho por Gardel. Se convirtió en el hombre que le llevaba las cuentas personales y que se encargaba del bienestar de su madre. Esas dos cosas, evidentemente, eran muy apreciadas por Gardel.

¿Otros grandes amigos de Gardel? Irineo Leguisamo, sin duda. El famoso jockey uruguayo era uno de los pocos no vinculados a la carrera de Gardel, aunque montaba su caballo. En Nueva York, Terig Tucci y Alfredo Lepera. ¿José Razzano? Sin duda, durante un tiempo había sido un gran amigo pero, cuando Gardel se sintió perjudicado por parte de él, ya no sabía cómo sacárselo de encima; a Carlitos le costaba mucho dar marcha atrás.

En fin, Gardel estaba trabajando para la eternidad.

La madre de Gardel

Mucho se ha escrito sobre Doña Berta y de la relación que tenía con su hijo. Conocí a Doña Berta cuando iba a la casa de Jean Jaures, en los primeros años después de la muerte de Gardel. Fueron los años en que vivió el matrimonio Defino ahí. El objetivo de mi visita era poder escuchar los discos de Gardel y conversar con Adela, la esposa de Defino. Resulta que Don Armando, por su situación privilegiada, tenía prácticamente todos los discos de Gardel, algo que no era tan común por esos años. Es así que pasaba la mayoría del tiempo al lado de la victrola, escuchando los discos y hablando con Adela.

Doña Berta parecía buena persona, muy sencilla. Hablaba castellano con un acento francés, pero cuando yo trataba de practicar el francés que había aprendido en París con ella, se excusaba diciendo que, después de tantos años, se lo había olvidado.

De todo lo que me dijo, recuerdo dos cosas: "Yo perdí a Carlitos cuando tenía seis años", me contaba dramáticamente. "Recién, lo recuperé a los dieciséis. Estaba en el pescante de un carro. '¡Mamá!', me dijo y empezó a llorar. Estaba en deplorables condiciones físicas", prosiguió. No se me ocurrió preguntar cómo era posible que la tragedia haya durado tanto tiempo.

Otra cosa que siempre me decía era que "Carlitos estaba siempre cansado. Yo le traía el matecito todas las mañanas y siempre era lo mismo: 'Mamá, estoy cansado', por favor, ¡déjeme dormir un rato más!", recordaba la madre. Me sorprendía la ingenuidad de Doña Berta. Cualquiera que supiera algo sobre Gardel se podía imaginar porqué su hijo quería seguir durmiendo por la mañana.

Recuerdo haberla acompañado alguna vez al cine. Lógicamente, quería estar en los estrenos de las películas de su hijo. Mi recuerdo es que, por lo menos, durante los primeros años después de la muerte de Gardel, Doña Berta lucía entera. Y daba la sensación de que le gustaba la fama que ahora estaba cosechando como "la madre de Gardel". Era tan famosa que, durante la función, la gente le prestaba más atención a ella que a la pantalla. Cuando falleció, hacía bastante tiempo que no la veía. Ya me había alejado.

Armando Defino

Era uno de los jóvenes admiradores de Gardel que se ofrecen para hacer algunas cosas y que, luego, demuestran cierta eficiencia. Personalmente, Defino se enorgullecía de haberle hecho conocer a Gardel el vals "Palomita Blanca", que fue un éxito, pero, fuera de eso, su relación con Gardel no pasaba por lo musical.

Gardel se da cuenta de que Defino era un tipo honesto y trabajador y eso quedó confirmado con el manejo de la hipoteca de la casa de Jean Jaures. Ese fue el momento decisivo. A partir de entonces, no quedaban dudas en la mente de Gardel de que Defino debía encargarse de sus cosas en Argentina y en Uruguay. Y, por eso, firma la autorización correspondiente. Pero, en ese tiempo, Defino era joven y, debido a ello, le fue difícil enfrentarse con Razzano.

A nivel personal, era un tipo serio. Bastante seco. Se levantaba temprano para ir a la escribanía donde trabajaba y volvía tarde a la noche. En vida de Gardel, manejó sus asuntos como un favor personal que le hacía a un amigo.

Cuando Gardel se va al exterior, Defino se queda trabajando en la Argentina. A Carlitos esto le venía bien porque tenía intereses en Argentina y en Uruguay, pero también marca una cierta falta de confianza en la carrera de Gardel por parte de Defino. No arriesgó su puesto en la escribanía para irse al exterior. Recién cuando muere Gardel, empieza a tomar un protagonismo público. Y toma decisiones clave, cuyos efectos sentimos todavía hoy. Se muda a la casa de Jean Jaures para acompañar a Doña Berta. Se encarga de la desagradable tarea de repatriar los restos de su amigo, de los asuntos pendientes y de la sucesión. Y, luego, de la construcción del mausoleo.

Esas cosas las hizo muy bien pero, para 1935, Gardel se había convertido en uno de los artistas más exitosos del mundo, y su muerte dejó cuestiones comerciales muy complejas en distintos países. Al morir Lepera, que era el que estaba al tanto de todo, fue tarea de Defino encargarse. Y uno podría decir, hoy, que la situación evidentemente lo superó. Pudo cobrar los dineros de la última gira, pero uno se pregunta si pudo defender los derechos de Gardel en todas partes.

Unos años después, nos sorprendió un día con el anuncio de que había vendido los derechos de autor de las canciones de Gardel a José Razzano por una cifra no muy grande. A nosotros, nos confió que lo hizo porque no pensaba que esas canciones iban a perdurar. Ya en vida, se dio cuenta de su error.

El recuerdo que tengo de Defino es que fue un hombre honesto que supo ordenar las cosas de Gardel en Argentina bastante bien. Si es culpable del error de no comprender la trascendencia de Gardel como artista, es un error que cometieron todos sus contemporáneos.

La casa de Jean Jaures

En una entrevista de 1933, un periodista le pregunta a Gardel si la casa de Jean Jaures era su casa. "No, es la casa de mi madre", contesta el cantante. Para mí, esa siempre fue la verdad. Compró la casa para su madre y eligió el viejo barrio porque pensó que Doña Berta se iba a sentir mejor en un barrio que ya conocía.

Realmente, no está claro dónde quería vivir Gardel. Recordemos que, para entonces, siempre estaba de gira, siempre ocupado y con la idea de irse a trabajar en el exterior. En Buenos Aires, su lugar favorito era el centro, la calle Corrientes.

La casa de Jean Jaures que recuerdo estaba amueblada muy modestamente. Gardel tenía una habitación ahí, donde su madre había colgado una foto de él de cuando era chico. Pero era una camita básica, como para salir del paso.

Cuando vinieron a vivir los Defino, trajeron el piano de Gardel desde Saavedra 222, donde vivían, y otros muebles también. Ahí se quedaron unos años, para luego irse a vivir con los Fortuny a Barrio Norte.

Defino trató a la casa de Jean Jaures como un bien más, no como un lugar de mucho valor histórico. En su libro, explica que Doña Berta estaba más preocupada por las cosas de Gardel que por la casa. Defino la vendió en 1949 a su inquilino y recién, en los años '90s, se la recupera para convertirla en museo.

Jose Razzano

En casa, no teníamos una buena imagen de Razzano. Nunca fue amigo de mi padre. Escuchamos que, en la época que cantaba con Gardel, hacía todo lo posible para que Carlitos no sobresaliera.

Después, como representante, lo trajo a Charlo, a quien pretendía imponer. Defino me contó que, cuando los empresarios le preguntaban por Gardel, decía: "¡No! Carlitos está terminado. Tengo un pibe que canta muy bien". Hasta que Gardel se enteró y se quejó.

También existían algunos asuntos personales. Gardel le

tenía afecto a la familia de Razzano y desalentaba la relación que Razzano tenía con Anita Palmero. "Che, ¿por qué no la dejás?", le preguntaba, pero no hubo caso.

La ruptura final vino por el tema de la casa que Carlos Gardel había comprado para Doña Berta. Según cuentan, habían sacado un préstamo hipotecario para comprarla y Gardel quería pagar el préstamo lo antes posible. Razzano usaba el dinero recaudado para otras cosas y la casa nunca se terminaba de pagar.

Irineo Leguisamo

Eran épocas en que el turf era muy popular en la Argentina y, en Buenos Aires, mucha gente pasaba los domingos en el hipódromo de Palermo. Los "secos" iban, pero no tenían caballo propio. Aunque, si a uno le iba bien, era fija que había que tener un caballo de carrera.

Gardel quería comprarse un caballo, entonces se acercó a su amigo Francisco Maschio, un cuidador muy respetado, y le pidió un consejo. Maschio le recomendó el caballo "Lunático" y Gardel lo compró. Por otro lado, Maschio tenía al joven Leguisamo como primera monta y se lo presentó a Gardel. Creo que así se conocieron. Legui corrió el caballo de Gardel y ganó varias carreras. Eso inspiró el tango "Leguisamo solo". Cuando ganaba un caballo, había asado y fiesta en el stud y, muchas veces, cantaba Gardel.

Leguisamo era como Gardel, cuidadoso de su imagen. Siempre se vestía bien y no se mezclaba con cualquiera. Puedo confirmar la gran amistad entre Leguisamo y Gardel. Cuando pensó en ir a París, Carlitos le dio los datos de mi padre. Entonces, terminamos paseando a Legui por la ciudad y lo llevamos a conocer varios lugares, entre ellos, Longchamps. Ese día, eligió los caballos y perdieron todos.

Para Leguisamo, su experiencia en París fue uno de los mejores momentos de su vida. De hecho, habla muy bien de nosotros en sus memorias. Es que, a partir de ese momento, nació una buena amistad entre nosotros y Leguisamo. Tan es así que, tras nuestro retorno de París, estuve viviendo en casa de Legui quince días y, en los años siguientes, mi padre mantuvo siempre el contacto y se veían de vez en cuando.

El negro Ricardo

El negro era un negro feísimo, pobrecito. Un atorrante que tocaba la guitarra en el quilombo. Pero era un gran guitarrista y, al ser una persona más grande que Gardel, le enseñó un montón de cosas sobre el tango a Carlitos.

De golpe, en París, durante 1927, ve que una mujer blanca le da pelota. Eso, en la Argentina de esos tiempos, era impensable. Entonces, se va a vivir a un bulín con la mina francesa, dejando a Gardel sin guitarrista. Sencillamente, no quería laburar más. A causa de eso, Carlitos envía a su representante a convencerlo, pero no hubo caso. Lo peor es que el Negro reaccionó con habladurías. Eso significó la ruptura final.

La sociedad de esos tiempos

En Argentina, existía una separación entre la llamada "gente bien" y los reos. Eso debe haber pesado mucho en la vida de Gardel. La "gente bien" era muy jodida, muy cerrada. Existía el compadrito o "niño bien" que, esencialmente, era un tipo despreciable.

Estos "niños bien" se la pasaban haciendo chistes de mal gusto, como atar una cadena entre dos autos nuevos, usándola para que los peatones se cayeran. Gardel y los otros posiblemente querían ser "niños bien", pero primero tenían que tener guita y, además, aprender a vestirse bien. En eso estaban. Eran personas con pretensiones sociales.

Una cosa de Gardel era que, a pesar de venir de cierto estrato social, tenía un tremendo respeto por la gente educada. Le gustaba juntarse con gente inteligente, con gente culta, con gente de guita.

La señora Wakefield

Sadie Baron de Wakefield era la hija de Bernhard Baron. El señor Baron, de origen ruso, había vivido en Estados Unidos, donde nació Sadie, pero su fortuna la había hecho en Inglaterra, a principios del siglo XX, cuando pudo comprar la compañía de tabaco Carreras y alcanzó el éxito con la marca de cigarrillos "Craven A".

En los últimos años de su vida, había entregado buena parte de su fortuna a distintas causas caritativas pero, de cualquier manera, cuando murió en 1929, sus hijos heredaron una fortuna. Sadie estaba casada con un hombre de negocios, el americano George Wakefield, y los dos -que pasaban bastante tiempo en Francia- se hicieron amigos de Gardel. Mucho se ha comentado sobre la relación de esta misteriosa señora con Gardel, quizás porque era una mujer de recursos. Siempre se dijo que le hacía regalos caros y que había financiado el lanzamiento de Gardel como actor de cine, a través de Éxito Productions.

La poca información que tengo de esta señora tiene como fuente a Luis Pierotti. Según él, esta señora y su marido estaban muy entusiasmados con Gardel y le hicieron varias invitaciones. Gardel se dio cuenta que le convenía cultivar esta amistad, aunque Pierotti se quejaba de que, en vez de trabajar, Gardel se la pasaba con los Wakefield en Niza. Con Sadie parecía haber algo más que una amistad. Así que puedo confirmar que Gardel mantuvo cierta relación con esta señora por un tiempo, aunque no recuerdo haberla visto en mi estadía en París.

Luis Pierotti

Luis Pierotti fue el representante de Gardel en Francia. Normalmente, aparece en los libros como un amigo que, aparentemente, Gardel conoce en Francia y que lo ayuda "de onda" con sus contratos en Francia. Desaparece totalmente de la historia cuando Gardel abandona Europa.

La realidad es otra. Pierotti se hizo de un nombre en Argentina como el excelente representante de Lola Membrives, cuya carrera andaba muy bien por esos momentos. Gardel tomó nota. Entonces, cuando Carlitos empieza a tener ambiciones internacionales, se interesa por este hombre, que era amigo de mi padre, y lo contrata para que lo ayude a conseguir trabajo en Europa. Este es un momento clave que marca una "profesionalización" de la carrera de Gardel y otro alejamiento del círculo de Razzano.

Pierotti era un hombre ordenado, bastante mayor a Gardel y con hábitos muy distintos. Al principio, los dos tuvieron que ajustarse. Pero, es cierto, finalmente, se convirtió en un gran amigo de Gardel. Pierotti me contó que Gardel le pagó 14 viajes a Francia. Respondió consiguiendo su primer contrato con un teatro parisino, el "Florida", y más adelante estuvo negociando con otros teatros y buscando la inserción de Gardel en el cine. Pierotti conoció a su mujer en Francia y, eventualmente, volvió con ella a la Argentina.

El misterio de la documentación

Parece haber mucha confusión sobre este tema. No me acuerdo quién me contó la siguiente historia, pero casi seguro que viene de buena fuente.

Gardel venía de una clase social donde era bastante común no tener todos los papeles personales en regla o, directamente, estar indocumentado. Esto no fue obstáculo para que Carlitos empezara el colegio como cualquier chico argentino. Era francés, pero el joven Gardel se sentía argentino y pensaba como un argentino. Y aquí está el problema...

En 1901, se implantó el régimen militar en Argentina. Era obligatorio, creo, para los ciudadanos argentinos varones de 20 años y duraba bastante tiempo. Era muy difícil salvarse.

Por entonces, en todo el territorio nacional, los jóvenes de aspecto local que no tenían documentación que indicara lo contrario, eran incorporados a las filas el ejército.

El joven Gardel, un varón indocumentado, sin recursos y que parecía argentino... era candidato.

Para evitar este destino indeseado, Gardel empezó a declararse ciudadano uruguayo nacido en Tacuarembó. Quizás, alguno de sus amigos uruguayos lo asesoró en tal sentido. Se sabe que el Uruguay, por esos años, no tenía servicio militar obligatorio.

Sería interesante saber si tuvo que presentar un papel falso ante las autoridades militares argentinas, si con una declaración fue suficiente o si, finalmente, nunca lo llamaron.

El tema es que Gardel se mantuvo a la expectativa por algunos años. Y durante todo ese tiempo, se hacía pasar por uruguayo y evitaba la ciudadanía argentina.

Más adelante, el tema militar quedó en el pasado y pudo hacerse ciudadano argentino. Pero, para evitar problemas, no le convenía cambiar su relato uruguayo. ¿Qué ventaja había en confesar lo que había hecho? Lo mejor era no tocar el tema para evitar un escrutinio, pero, si algún periodista uruguayo le preguntaba algo, ¿qué le convenía decir? La respuesta es obvia.

Gardel llevó este secreto a la tumba. Solo en su testamento, destinado a ver la luz después de su muerte, declaró la verdad.

En realidad, siempre fue una historia sencilla.

Los planes de Gardel

Mucho se ha hablado de qué hubiese pasado con Gardel si no hubiese ocurrido el accidente de Medellín. En Argentina, cobró fuerza la idea de que Gardel pensaba volver al país con suficiente dinero para fundar una productora de cine, posiblemente con Francisco Canaro. Para eso, estaba juntando dinero, generando gran expectativa en el ambiente del cine nacional. Por otro lado, Gardel le confesó a varios de sus amigos su deseo de retirarse en algún momento. Su plan era irse a vivir al Uruguay.

Antes de retirarse, Gardel pensaba volver sobre todas sus canciones: "Regrabar los temas con todo lo que he aprendido desde entonces", sostenía. Ciertamente, Carlitos había tomado clases de canto, tanto en Francia como en Nueva York, y había conocido a profesionales como Tucci.

¿Por qué retirarse al Uruguay? Gardel consideraba que ahí era donde estaban sus mejores fans. A nivel personal, tenía muchos amigos uruguayos y es innecesario decir que Uruguay era uno de sus países favoritos.

El Gardel de la vida real

Es la pregunta que siempre me hacen. ¿Cómo era Gardel? En primer lugar, hay que acordarse de que Gardel era un reo y hablaba como un reo. Pero, sin embargo, tenía una forma muy original y simpática de hablar.

Aunque no tenía mucha educación, era muy respetuoso de las personas que sí la tenían y le gustaba estar con gente culta.

No era un tipo profundo. Era mas bien un tipo jodón. Dos cosas le gustaban mucho: contar chistes y cantar. Los chistes no eran de muy buen gusto, y algunas veces subidos de tono. Pero la gente se reía igual, ya que el tipo era gracioso contándolos. En cuanto al canto, costaba un poco que arranque. Uno le pedía un tema y él se excusaba. El truco era empezar a cantar algo de manera equivocada o con la letra equivocada; ahí salía la soberbia porteña del tipo. "Vos no sabes nada, estas cantando cualquier cosa... así es!". Y así arrancaba; y luego no paraba por un rato.

Cuando terminaba una actuación, la gente lo estaba esperando a la salida del teatro. Apenas lo veían, le pedían que cante. Su representante le decía que solo cantara una, pero Gardel a veces cantaba varias al hilo.

En definitiva, Carlos Gardel era una persona con muy buena onda, un tipo macanudo. Le gustaba hablar de su carrera, era su tema favorito. Y en muchos sentidos, parecía el típico porteño que hablaba de más. Hasta que empezaba a cantar...

¡DEJATE DE JODER!

En el año 1993, durante un reportaje, el músico Virgilio Expósito sugirió que Gardel era homosexual y que muchos tangos atribuidos a Gardel eran en realidad del pianista Alberto Castellanos. Estas manifestaciones cayeron muy mal en todo el ambiente tanguero, que estuvo totalmente unido en el repudio. Hasta Mona Maris salió de su retiro para decir que "quien piensa eso, que venga a hablar conmigo". Al verse totalmente aislado y con su carrera en serio riesgo, Expósito tuvo que retractarse. Pero las olas de la controversia ya habían llegado a Los Ángeles. Las siguientes líneas fueron escritas en ese momento.

¡¿Carlitos, maricón?! ¡Dejate de joder, Expósito! Y decís que lo hacés para reivindicar a Castellanos. ¡Volvé a dejarte de joder, Expósito!

En primer lugar, de Gardel, solo hablas de oído, si ni siquiera tenías diez años de edad cuando murió. Todo lo que sabés, te lo dijeron. Y Gardel, que tenía muchos amigos, también era blanco de muchos envidiosos. No era decente tener tanta pinta, ser tan simpático, cantar tan bien... No, no podía ser.

Te podría contar tantas. Razzano, por ejemplo, que nunca pudo resistir el haber recibido tantos favores, presenta a Charlo como si fuera mejor que Gardel. "¡Está terminado!", le decía a los empresarios que pedían por Carlitos.

¿Qué es eso de no conocerle mujeres? Vos no se las conocerías o no te lo habrán confiado.

¿Sabés que salir con Don Carlos era terrible? Las mujeres lo querían sólo a él. Podías tener la pinta que quisieras que no te daban pelota.

A Gardel sí que le hubiera dado bronca escucharte. Vos sabés que anduvo todo un día por las calles de París, buscándolo al negro Ricardo, porque este le había dicho a una mina que estaba loca con el morocho, que no le haga caso porque era maricón.

Estaba fulo, el maestro. Y esto te lo afirmo, no lo sé de segunda mano, porque yo sí lo conocí muy bien. Mi viejo era muy amigo de él. Desde chicos, se conocieron en el barrio del Abasto. A mi padre también lo llamaban "el Francesito", pero no cantaba, escribía.

Y mi vieja, que era muy buena moza, bailó con Carlitos en El Garrón de París. Y ella me contaba, riéndose, las cosas que le gritaban al Morocho, tanto hombres como mujeres.

Yo sé cosas que no tengo porqué decirte y si me tomo el trabajo de escribir mi indignación es porque la noticia llegó hasta aquí, en un cable que conmovió a los latinos de esta ciudad. Y algunos me cargaron. Lo que lamento es que se haya publicado en Buenos Aires.

¿Y vos que hablás de la voz de Carlos? Si hasta da la impresión de que nunca lo escuchaste. Que es eso de cambiar de tenor a barítono. "Ma' que ópera ni ópera", ¿no escuchaste "Acquaforte"? ¿De qué tenor me hablás?

Castellanos debe haberse lamentado más que nadie la muerte de Gardel. Porque le orquestó una serie de canciones. ¿Y que pasó con Castellanos cuando volvió a Buenos Aires? Qué casualidad que, muerto Gardel, no hiciese más nada. Pobre Joaquín.

No seas otario, Expósito. No te dejes chimentar. No hables

mal de Gardel, porque fue uno de esos seres que lo tuvo todo. Su presencia en el mundo es uno de los milagros que hacen exclamar: "Ahora sí que podemos, viejo, podemos decir que hay Dios".

Pertenece a la raza de esos hombres que han dejado una larga cicatriz en la historia de la humanidad. Hay varios de esos que podría nombrarte, pero que apuesto que ni siquiera la conocés. No hables más de la decadencia del tango, no te escudes en los clichés para esconder tu propio fracaso, tu resentimiento que ni siquiera tiene el pretexto de haber sido ayudado por Gardel, de quien oí decir las mayores injusticias.

El Negro Marino me dijo que diga que Gardel era muy bruto porque le había cambiado una palabra a su letra. Firpo me dijo que era un guarango y el pobre se cantó todo. Y todo lo que tocó lo convirtió en oro. Pero, para qué seguir contando... Me basta con haberme sacado la rabia de saber que no lo quieren dejar en paz. Gil, no te metas si no sabés. Ya tenés suficiente edad para resignarte.... ¡Larga! ... ¡Basta, loco!

SOBRE EL AUTOR

Vincent Thomas nace en 1921 en Detroit, Estados Unidos. Siendo muy pequeño, viaja a la Argentina donde va a pasar gran parte de su vida. Para detalles sobre sus primeros años, ver el libro de Edmundo Guibourg *Al pasar por el tiempo.*

Muchos de los recuerdos de este libro son de su estadía en París con su familia entre 1927 y 1932. Luego, la familia retorna a la Argentina y, allí, Vincent sigue vinculado al círculo social de su padre. Con los años, se convierte en un joven fan de Gardel que puede escuchar la trasmisión desde Nueva York en vivo. Su interés por Carlitos hace que le preste mucha atención a las anécdotas que le cuentan personas como Armando Defino, Enrique De Rosas, Pedro Quartucci y Luis Pierotti.

Hacia fines de la década del '30, empieza a trabajar como actor teatral. Asimismo, consigue pequeños roles en distintas películas del cine argentino. La más conocida es *Pasó en mi barrio*, con Tita Merello.

Más tarde, se vuelca al periodismo y, estando en Argentina, trabaja primero en el diario *Crítica* y, luego, en Canal 13. En 1988, se jubila y decide radicarse, con su familia, en Los Ángeles. Sigue por unos años en el periodismo norteamericano, donde escribe para los diarios *Noticias del Mundo* y *La Opinión*. Hoy, es un miembro activo de la comunidad argentino-americana.

MUNDO GARDELIANO: GARDEL EN LOS ÁNGELES

Al final, el sueño de Gardel de conocer Hollywood no pudo ser. Pero Los Angeles fue el hogar de varias de las personas que participaron en la leyenda. La porteña Mona Maris llegó a Los Ángeles en 1929 y, para filmar Cuesta Abajo, tuvo que hacer un viaje temporario a Nueva York.

Rosita Moreno, madrina de los gardelianos de California, fue un caso similar. Y pocos saben que el actor Vicente Padula, tan clave en varias películas de Gardel, terminó sus días en Glendale y, hoy, descansa en el Hollywood Forever Cemetery.

Más allá de estos protagonistas, los gardelianos, históricamente, han tenido mucha presencia en Los Ángeles. En 1985, formaron el Comité Gardeliano de California, con el objetivo de lograr una estrella para Carlitos en el Paseo de la Fama. No lograron superar todas las barreras, pero ese esfuerzo multinacional fue inspirador para nosotros.

Así que, aquí estamos, los gardelianos del siglo XXI, abocados a la tarea de recuperar y actualizar la memoria y obra de Carlos Gardel para proyectarla al mundo. El punto de contacto es nuestro blog Mundo Gardeliano. Y, desde allí, pensamos editar nuestras cosas a través de Mundo Gardeliano Editions. Muchas Gracias y hasta pronto.

www.ingramcontent.com/pod-product-compliance
Lightning Source LLC
LaVergne TN
LVHW051249080426
835513LV00016B/1826